조용헌의 휴휴명당休休明堂

푸른 하늘이 보이지 않아도 괜찮다.

어둠 속에서 별을 보는 사람들이 새로운 땅을 찾았으므로.

해를 보고 달을 보고 바다를 보라
그래야 산다

영지靈地는 신령스러운 기운이 뭉쳐 있는 장소를 말한다. 기氣는 눈으로 보이지 않아도 몸은 느낀다. 좋은 기운 속에서 마음은 맑아지고 밝아진다. 생각이 높아진다. 그러면 인생이 달라지고 획기적인 변화가 일어난다. 그래서 '신령'한 기운이다.

여행의 최고 경지는 영지를 가보는 것이다. 왜 영지를 가봐야 하는가? 내가 왜 이 세상에 왔는지를 알 수 있기 때문이다. 내가 왜 이 세상에 왔는가를 알기 위해서는 영지의 지기地氣를 맛보아야 한다. 지기가 있느냐고? 있다. 특정한 장소에 가보면 척추 꼬리뼈를 타고 올라오는 전기자극 같은 느낌이 온다. 이것이 기감氣感이기도 하다. 땅에서 올라오는 지기가 인체 속에 들어와 경락을 타고 흐르는 것이다. 척추 뼈를 타고 올라오는 지기는 뒤꼭지를 지나 머리를 통과한 다음 양 미간 사이까지 전달된다. 땅에서 올라오는 이 기운을 느끼게 되면 여행은 아주 특별해진다. 땅과 대화를 나누게 되는 것이다.

땅의 기운은 가는 곳마다 다르다. 묵직한 기운, 단단한 기운, 붕 뜨는 기운, 밝은 기운, 침침한 기운 등. 나를 푸근하게 받아들이면서 생생한 에너지를 주는 땅이 있고, 어두운 기운이 밀려와 힘이 빠지면서 우울해지는 땅이 있다. 역사적으로 검증된 영지는 공통적으로 밝고 강한 기운을 내뿜는 곳이다. 바로 '명당明堂'이다. 이런 곳에 몇 시간, 또는 며칠씩 머물면 몸이 건강해지고, 영성靈性이 개발된다. 기감이 발달된 사람은 10분만 있어도 이러한 기운을 느낀다. 예민하게 못 느끼는 사람들도 영지에 머물면 서서히 몸의 컨디션이 좋아지고, 마음이 환해지는 느낌을 받는다. 등산을 서너 시간만 해도 몸의 컨디션이 좋아지는 느낌을 받는 이유도 같은 맥락이다.

20, 30대는 젊기 때문에 외부의 기운에 대한 갈망이 크지 않다. 중년이 되면 기운이 떨어진다. 이 시기에는 외부에서 기운을 보충 받아야만 한다. '외부'는 대자연이다. 자연이야말로 최고의 원기 회복제이다. '도법자연道法自然', 도道는 자연에서 온다고 했다. 동양인들에게 최고의 신은 바로 자연이었다. 산과 강, 호수, 바위, 나무, 달과 태양이 자연의 정수이다. 영지는 바로 이

러한 자연적 요소들이 가장 잘 어우러진 곳이다. 바위에서 기운이 품어져 나오고, 주변을 물이 감싸고 있어서 적당한 수분을 제공하고, 바람을 잘 감싸주면서, 숲이 우거져 있는 곳들이 대개 영지이다.

땅에서 올라오는 지기를 인간이 받게 되면, 하늘에서 내려오는 천기天氣와 조응調應할 수 있다. 동양의 철인哲人들이 추구했던 것은 자연과 내가 하나가 되는 물아일체物我一體 사상이다. 자연과 내가 하나가 되는 느낌을 받으면 '나는 왜 이 세상에 왔는가?'에 대한 답이 나온다. 천지자연과 내가 같이 움직이고 있구나, 내가 혼자가 아니라는 것을 어렴풋하게 인식한다. 그때부터 외롭지 않다. 인생의 성공과 실패, 인간사의 온갖 불행을 극복하게 해주는 힘을 얻는다. 풍파 없는 인생이 어찌 있을 수 있을까! 누구나 다 말 못 할 고생과 파란만장을 겪는다. 이때 어디로 가야 할까. 바로 영지다. 인생의 허무감을 극복하게 해주는 영지로 가야 한다. 인생 헛살았구나 하는 탄식을 멈추게 해주는 그곳으로.

추정컨대, 인간은 적어도 1만 년 이전부터 영지를 인식하고 있었으며, 후손들에게 영지의 정보를 계승했다. 기도를 드리면 특별한 신비체험을 하고, 사회로부터의 지나친 억압과 지배를 벗어나게 해주는 힘을 얻었다. 특히 산신山神, 용왕龍王, 칠성七星이라는 삼신三神이 한민족의 영지를 상징하는 신앙이었다. 산신은 산이 내뿜는 영기를 상징하고, 용왕은 물이 지니는 영기, 그리고 칠성은 하늘에서 쏟아져 내리는 영기를 상징한다. 그러다가 불교가 이 땅에 전래되면서 기존의 영지들은 불교 사찰로 흡수되었다. 산신, 용왕, 칠성 신앙이 불교로 흡수된 셈이다. 내가 영지기행을 하면서 주로 불교사찰에 집중한 배경이 여기에 있다. 불교는 한반도에 들어온 지 1,600년이 넘었다. 기존의 수준급 영지들의 상당 부분을 불교 사찰이 차지하게 된 것이다. 그러면서 수많은 이 땅의 인재들이 불교에 투신하면서 영지의 기운을 받고 깨달음을 얻었다. 이 깨달음이 또한 빛과 같아서 주변 사람들에게 밝음을 주었다. 깨달음의 기반에는 영지가 있었던 셈이다. 공부를 할 때 자신에게 맞는 터만 발견하면 공부의 반절은 이미 성취되었다고 하는 이야기는 그냥 나온 말이 아니다.

　　이 책에서 소개하고 있는 설악산 봉정암은 설악산 바위 절벽 한복판에 있다. 설악산 바위의 정기를 한몸에 받는 지점이다. 남해의 보리암도 마찬가지이다. 그 수많은 사람들이 왜 봉정암에, 보리암에 가는가. 영기를 체험하기 때문이다. 봉정암이 산의 기운이라면 남해 보리암은 바다에서 나오는 수기水氣의 융합이 이루어지는 영지이다. 어떤 사람은 체질에 따라서 바위산이 더 영험하지만, 어떤 사람은 바다가 있는 영지가 더 체질에 맞을 수 있다. 여수의 향일암도 역시 바다에서 오는 영기를 직접적으로 체험할 수 있는 곳이다. 서울에는 관악산 연주대가 있다. 연주대는 관악산의 정기가 집중된 곳에 자리 잡고 있다. 바위 모양이 마치 닭의 볏같이 생겼다. 닭볏 위에 아슬아슬 자리 잡은 곳이 바로 연주대이다. 수도권의 대표적인 영지이다.

　　이러한 불교사찰들마다는 각기 사연이 얽혀 있고 역사가 스며있다. 역사와 기록은 그 터가 영지라는 사실을 증명하는 신원보증서와 같다. 이 책에서는 이러한 신원보증서가 있는 곳들만 주로 다루고 있다.

　　여행은 왜 가는가? 근심걱정을 털어내고, 에너지를 충전 받고, 새로운 삶의 의미를 깨닫기 위해서 간다. '휴휴명당休休明堂'은 이러한 이유 때문에 썼다. 누구도 주인일 수 없는 자연의 에너지를 지혜롭게 이용한다면, 우리는 늘 새로운 삶을 살게 될 것이다.

2015년 7월 여름
장성 축령산 휴휴산방休休山房에서
조용헌 쓰다

강물이 시작과 끝을 생각하지 않듯이 나는 언제나 지금 그대로 흐를 뿐이다.

이섭대천,
큰 강물을 건너야
삶이 이롭다

<u>1</u>

불과 물이 어우러진 불교 관음성지
남해 금산
보리암

섬은 물을 건너야 갈 수 있다. 고대사회에서 물을 건넌다는 것은 쉬운 일이 아니다. 커다란 자연의 장애였다. 물은 이승과 저승을 구분하는 경계이다. 저승에 가려면 삼도천三途川이라는 강물을 건너야 한다. 삼도천을 건너면 저승에 도착했기 때문에 이승으로 되돌아 올 수 없다. '물 건너갔다'가 이 뜻이다. 삼도천을 건너가다가 중간에 돌아오라는 목소리를 듣고 다시 돌아오면 이승에서 살아나는 수가 있다. 임사臨死 체험자들의 이야기이다.

물이 등장한다. 하늘에는 은하수가 그 강물이다. 은하수를 건너야 견우와 직녀가 만난다. 고대 이집트인들은 지상의 나일강이 하늘의 은하수와 같다고 생각했다. 나일강을 건넌다는 것은 이승에서 저승, 차안에서 피안의 세계로 건너가는 것이라고 생각했다. 그래서 피라미드 속에 배를 만들어 사자의 미라와 함께 보관했던 것이다.

『주역』의 괘卦에 보면 '이섭대천利涉大川'이라는 대목이 자주 등장한다. '큰 강을 건너면 이롭다'는 뜻이다. 고대 중국에서도 큰 강을 건너기가 어려웠다. 큰 강을 건넌다는 것은 상당한 고비를 겪어야 한다는 의미이기도 하다. 한 번 고생을 해야만 일이 성취된다는 암시가 있었다. 인생의 고비가 바로 물을 건너는 일이었던 것이다. '이섭대천' 말고 물 건너는 일에 대하여 또 하나의 메시지가 『주역』에 있는데, 그것은 '수화기제水火旣濟'이다. 수水가 위에 있고, 화火가 밑에 있는 형상을 상징한다. 머리는 차고 아랫배는 따뜻하다. 이렇게 되면 건강하다. 반대로 머리는 뜨겁고, 아랫배는 차면 '화수미제火水未濟'가 된다. 미제未濟 사건이 되는 것이다. 기제는 물을 건너는 상황이고, 미제는 물을 못 건너는 상황이다.

이런 맥락에서 보자면 물을 건너 섬에 간다는 것은 이승에서 저승으로, 차안에서 피안으로, 그리고 이섭대천이요, 수화기제에 해당된다. 물을 건너면 차원의 변화가 수반된다. 고대사회에서 육지에 살다가 섬에 간다는 것은 삶이 혁명적으로 변한다는 것을 의미했다. 차원이 다른 세계에 진입하는 것이 된다. 즉 종교적 구원을 성취하려면 섬에 가야 했던 것이다.

고대사회에서 육지에 살다가 섬에 간다는 것은 삶이 혁명적으로 변한다는 것을 의미했다.
금산에서 내려다본 보리암과 남해의 섬들.

섬에 가야 도를 통한다고 보았던 셈이다. 육지에서 일어났던 복잡한 번뇌를 다 털고 바다를 건너 섬에 들어가면 완전히 새 삶을 살 수 있다고 보았다. 귀신은 물을 건널 수 없다. 번뇌도 물을 건널 수 없다. 실타래 같은 인연들도 물을 건너면 털어 버릴 수 있다. 귀신, 번뇌, 인연 이 3가지를 모두 끊어버리려면 섬으로 들어가는 수밖에 없었던 것이다. 그래서 도교에서는 신선들이 산다는 삼신산三神山이 모두 바다에 있는 섬이라고 생각했다.

귀신, 번뇌, 인연이 끊어진 그곳, 섬

우리나라에서는 3개의 섬을 중시했다. 강화도, 남해(島), 그리고 제주도이다. 제주도에는 삼신산 가운데 하나인 영주산瀛洲山이 있었다. 바로 한라산이다. 그런데 제주도는 너무 멀었다. 배를 타고 접근하기에는 목숨을 걸어야 했던 것이다. 위험부담이 적었던 섬이 바로 강화도와 남해였다. 이 두 섬은 육지와 아주 가깝다. 더군다나 고려시대에는 두 섬에서 팔만대장경을 찍어 냈다. 남해에는 '남해분사도감南海分司都監'이라는 팔만경 제조 분점이 있었던 것이다. 강화도가 팔만대장경 제조 본점이라면 남해는 분점이었다. 팔만대장경은 시간이 많고 심심해서 만들었던 게 아니다. 당시 세계 최강국인 몽골이 쳐들어왔으니 어떻게 이 고비를 넘는다는 말인가. 고려가 살아남기 위한 절체절명의 몸부림으로 제작하기 시작한 구원의 신물神物이 바로 팔만대장경이었다. 이 대장경을 만든 장소가 '강화도'와 '남해'라는 2개의 섬이었으니, 그 의미가 특별하다.

　　강화도江華島는 이름 그대로 '강의 꽃'이다. 임진강, 예성강, 한강의 물이 서해로 빠지면서 강화도를 거쳐 나간다. 세 강의 기운이 강화도에 모인다. 육지에서 뗏목을 띄워도 결국 강화도로 모이게 되어 있다. 바닷물과 육지의 강물이 서로 섞이는 곳인 만큼 묘용(妙用, 신묘한 작용)이 일어나게 된다.

남해도 마찬가지이다. 섬진강의 강물이 남해를 거치게 되어 있다. 섬진강은 바로 지리산을 아래쪽에서 감아돌아 나가는 강이 아니던가. 지리산의 기운이 남해에 모이게 되어 있는 것이다. 섬진강에 뗏목을 띄우면 광양을 거쳐 결국 남해에 도착한다. 그러면서도 육지와 가깝다. 지금은 남해대교가 있어서 육지가 되었지만, 다리가 없던 시절에도 남해는 하동에서 배를 타고 곧바로 건너 갈 수 있는 곳이었다. 남해는 이러한 지리적 이점과, 물을 건너야 도달하는 종교적 이점, 그리고 금산錦山이라는 영적 기운이 강한 산이 있는 영지였다. 강화도에 마니산이 있다면 남해에 금산이 있다. 마니산에는 단군이 제사를 올리던 참성단이 있다면, 금산에는 보리암이 있다.

이성계의 기도터,
남해 금산 보리암

금산 보리암은 불교의 관음 성지이기도 하다. 동해안에 낙산사 홍련암, 서해안에 강화도 보문사, 그리고 남해에는 금산 보리암이다. 그만큼 영험한 도량이다. 왜 영험한가? 영험은 바위에서 온다. 바위에는 광물질이 함유되어 있고, 이 광물질은 지자기地磁氣를 지상으로 분출하고 있다. 사람이 이러한 바위에 앉아 있거나 잠을 자면 지자기의 직접적인 영향을 받는다. 지기地氣를 받는 것이다. 인체에는 혈액 속에 광물질인 미네랄이 함유되어 있다. 미네랄 가운데 중요한 성분이 바로 철분이다. 철분이 부족하면 빈혈이 온다. 피가 부족하면 보혈제를 먹는데, 철분을 보충하는 보약이다. 인체 내에는 철분이 있기 때문에 바위에 앉아 있으면 지자기가 피 속으로 들어온다. 지기가 몸으로 들어오는 것이다. 기를 많이 받으면 일단 몸이 건강해지고, 그 다음에는 영성靈性이 개발된다. 지기가 뇌세포를 통해 뇌신경의 어느 부분을 건드리면 종교체험이 온다. 비몽사몽간에 관세음보살이 나타나거나, 산신이 나타나거나 하느님이 나타난다.

세계 어디를 가도 바위산에는 수도원이나 종교 사원이
자리 잡고 있다. 더군다나 바위산 주변에 호수나 바다가 있으면 더욱
영험해진다. 바위에서 분출되는 화기와 물에서 나오는 수기가 서로 어우러져
영기靈氣를 만들어내기 때문이다.

그러므로 세계 어디를 가도 바위산에는 수도원이나 종교 사원이 자리 잡고 있다. 유럽의 1,000년 넘는 영험한 수도원들은 하나같이 바위산에 자리한다. 커다란 바위산이 있으면 거기에는 반드시 영험한 기도처가 있다. 더군다나 바위산 주변에 호수나 바다가 있으면 더욱 영험해진다. 바위에서 분출되는 화기와 물에서 나오는 수기가 서로 어우러져 영기靈氣를 만들어내기 때문이다. 이것이 『주역』에서 말하는 '수화기제'이며, 남해 금산은 이러한 수화기제의 전형적인 도량이다.

　　남해는 전라도의 진도와 크기가 비슷하다. 넓은 섬이다. 상당수 인구가 먹고 살 수 있는 섬이다. 그런데 남해에는 금산錦山이라는 명산이 우뚝 솟아 있는 점이 아주 이채롭다. 산의 높이가 701m이다. 강원도 같은 산간 지역에서라면 높지 않게 보인다. 그러나 바다 해수면 높이에서 701m는 아주 높은 산이다. 게다가 온통 단단한 화강암으로 이루어졌다. 바위의 크기도 큼직큼직하다. 보리암 뒤편을 보면 엄청난 크기의 거암들이 병풍처럼 둘러쳐져 있다. 바닥도 암반이고, 뒤편도 암반이고, 발 아래로 내려다보면 푸른 바다가 보인다. 영지의 조건을 완벽하게 갖추고 있는 터인 것이다. 고려가 팔만대장경의 일부를 이곳 남해에서 만들어 낸 이유도 좁혀 들어가면 금산의 영험함과 관계가 있지 않을까. 이성계도 조선조 개국을 위해 이 금산에서 기도했을 것이다. 이성계가 기도할 때는 고려 말이다. 고려 말에 이미 기도객들 사이에서는 남해섬과 금산이 인구에 회자되고 있었음을 미루어 짐작할 수 있다. 보리암 종각鐘閣 옆에는 이성계가 기도했다는 비석이 세워져 있던 자리가 있다. 전쟁터에서 늘 생과 사를 눈앞에 두고 살았던 무장 이성계는 종교적 영험을 무시할 수 없었을 것이다. 원래 죽음이 눈앞에서 왔다 갔다 해야만 신비를 인정하는 법이다.

　　아무튼 이성계가 어떻게 남해 보리암까지 가서 기도할 생각을 했을까. 짐작컨대 왜구 때문이 아니었을까. 남해안에 출몰하는 왜구를 막기 위해 이 지역에 자주 왔을 것이고, 그러다 보니 남해 보리암이 영험하다는 이야기를 들었을 것이다. 이성계는 전북의 마이산 은수사銀水寺, 임실의 상이암上耳庵, 그리고 회문산의 만일사萬日寺에서 기도를 드렸다는 설화가 전해지고 있다. 이 일대는 왜구를 크게 무찌른 황산대첩이 전개되었던 남원 운봉 지역과 가깝다. 이 세 절도 역시 왜구와 격전을 치르면서 지형지물을 살피는 과정에서 알았을 것이고, 역시 영험을 믿게 되었을 것이다.

— 일생 동안 노인성을 3번 보면 100세까지 산다

남해 보리암은 불교의 유적지이지만, 그에 앞서 선가仙家의 유적지이기도 하다. 보리암 암반 사이에 존재하는 해상사호海上四皓의 전설이 그것이다. 임진왜란 무렵 남해에는 4명의 신선이 있었다고 한다. 이들은 주로 바닷가의 섬에서 노닐었던 모양이다. 해상에서 주로 머문다고 해서 붙여진 이름이 '해상사호'이다. 해상사호의 본거지가 남해도였고, 금산 보리암 일대의 바위동굴이었다. 남해에는 천문과 지리, 그리고 병법에 통달했던 해상사호의 가르침을 받은 3명의 비구니가 이순신 장군을 도왔다는 전설이 있다. 선가仙家는 잡배들이 접근할 수 없고, 약간의 먹을 것이 있고, 기운이 강한 섬을 좋아한다. 남해는 선가에서 좋아할 만한 섬이고, 금산은 그 전형이다. 금산은 1년 중에 반절은 항상 운무에 싸여 있으니까 신선들이 종적을 감출 수 있는 아주 좋은 조건이었다.

보리암이 선가의 유적지였다는 단서 하나는 절 안에 있는 '간성각看星閣'이라는 이름이다. '별을 바라보는 건물'이라는 뜻이다. 왜 별을 바라보는가? 도가(선가)에서는 별을 중시한다. 별에서 에너지가 온다고 믿었기 때문이다. 도가는 인체의 기경팔맥奇經八脈에서 돌아가는 운기雲氣를 중시한다. 운기가 잘 되어야만 건강하고 무병장수하고 나아가서는 도를 통해 신선이 된다고 여겼다. 운기가 안 되면 꽝이다.

그런데 인체의 운기는 미세한 경지에 들어가면 외부 세계의 영향을 받는다. 바위와 물도 그렇지만, 더 나아가면 별이다. 대표적으로는 태양과 달이다. 특히 달이 그렇다. 보름달이냐 반달이냐, 초승달이냐에 따라 인체에 미치는 자장磁場이 달라진다. 예를 들면 여성들의 월경도 달의 움직임과 관련된다. 보름달이 뜨면 강하게 달 기운이 들어오므로 이때는 호흡법도 바뀐다. 달의 변화에 따라 바뀌는 호흡법을 도가에서는 월체납갑법月體納甲法이라고 부른다. 영화 〈씨받이〉에서 여주인공이 밤에 마당에 나가 달의 기운을 받아들이는 장면이 나온다. 달의 정기를 깊이 호흡을 해서 받아들여야만 좋은 자식을 잉태한다고 믿었던 우리 선조들의 민속을 보여주는 장면이다.

달보다 더 나아가면 별인데, 도교에서 이야기하는 28수宿도 여기에 해당한다. 도교에서 말하는 1년은 28수를 한 바퀴 도는 시간이다. 7개의 별이 칠성인데, 이 칠성이 춘하추동으로 4번 돌면 28개의 별을 회전하는 셈이다. 28수와 북두칠성 다음으로 특별한 별이 삼태성三台星과 노인성老人星이다. 노인성은 겨울에 남쪽 하늘에 뜨는 별이다. 일생 동안 노인성을 세 번만 보면 100세까지 산다는 말이 전해질 정도로 노인성은 장수를 상징하는 별이었다.

불로장생을 추구하는 선가에서는 노인성을 유난히 사랑했다. 옛 그림을 보면 노인성은 머리 위쪽이 불룩 솟은 노인의 모습으로 의인화되어 나타난다. 남극노인성이라고도 한다. 그런데 노인성은 여간해서 보기 어려웠다. 남해안이나 제주도에서만 볼 수 있었던 별이었다. 금산의 보리암도 노인성을 볼 수 있는 뷰 포인트이다.

'간성각'이란 명칭은 생각건대 노인성을 보는 선가의 풍습을 담고 있는 듯하다. 보리암에서 노인성을 보는 관습이 있었던 것이다. 지금은 보리암으로 올라가는 길이 새로 나서 자동차로 상부까지 갈 수 있지만, 과거에는 밑에서부터 걸어 올라가야만 했다. 걸어가는 코스에서 보리암에 접근하다 보면 사람의 두개골같이 보이는 거대한 바위가 나타난다. 보리암 바로 밑에 있는 이 바위에는 마치 사람의 눈처럼 구멍이 뚫린 두 개의 바위굴이 있다. 보리암에 들어가려면 이 바위굴을 통과해야만 한다. 밑에서 구멍 뚫린 바위를 보면 거대한 해골처럼 보이기도 한다. 이 두 개의 바위굴을 쌍홍문雙虹門이라고 부른다. 비범한 장소, 신성한 장소에 진입하려면 이처럼 기이한 지형을 통과해야 한다. 쌍홍문이 존재한다는 것 자체가 보리암이 보통 영지가 아님을 말해 준다. 신선들이 사는 곳을 동천洞天이라고 하는데, 쌍홍문이 있음으로 해서 보리암 터는 동천의 자격을 갖추었다.

만 권의 책을 읽은 뒤 나서는
첫 여행지, 보리암

무릇 군자는 만 권의 책을 읽고 만 리를 걸은 후에 세상을 논하라고 했다. 보리암은 '독만권서讀萬卷書'를 하고 나서 '행만리로行萬里路'를 나섰을 때 우선순위로 가 볼 만한 영지이다. 금산에서 바라다보이는 남해바다의 푸름, 그리고 상주해수욕장과 점점이 떠 있는 섬들을 바라보면 왜 해상사호가 이 산을 좋아했는지 짐작이 간다. 현재 한국의 4대 관음성지가 낙산사 홍련암, 강화도 보문사, 여수 향일암, 그리고 남해의 보리암이다. 불교도들에게는 너무도 유명한 기도터지만, 찬찬히 살펴보면 도가적인 취향이 물씬 배어 있는 곳이다.

　　기도객들의 경험담을 들어 보면 현재 보리암의 석조 관음보살상이 서 있는 지점이 가장 기가 강한 곳이라고 한다. 금산에서 내려오는 바위 기운이 뭉쳐 있는 지점이다. 1년이면 수십만 명이 방문하는 소문난 기도터이면서도, 기운이 크게 오염되지 않는 이유는 해풍이 불어오기 때문이다. 해풍에서 오는 수기와 금산의 화기가 뭉쳐 있는 지점이 바로 관음상 앞이다. '주유천하(周遊天下, 온 세상 곳곳을 두루 돌아다니며 유람함)'하는 사람이라면 반드시 들러봐야 한다.

_ 이성계가 남해안에 출몰하는 왜구를 막기 위해 왔다가 보리암에서 기도를 했다는 이야기가 전해진다.

_ 한 해 동안 수십만 명의 사람들이 다녀간다는 보리암. 특히 석조 관음보살상이 서있는 지점이 가장
기가 강한 곳이다.

남해 금산 보리암

_ 조선시대 4명의 신선이 머물렀다는 금산. 1년 중에 반절은 항상 운무에 싸여 있어 신선들이 모습을
감출 수 있었기 때문은 아닐까.

숨어서 공부하다
때가 되어
세상에 나오다

2

『주역』천산둔의 결정
완주 대둔산
석천암

부도가 나면 어떻게 할 것인가? 살다 보면 절대 위기상황에 몰릴 수 있다. 이때 연탄가스로 자살하는 것보다는 어디로라도 도망가는 것이 낫다. 목숨이 붙어 있어야 빚도 갚는 것 아닌가! 그러자면 평소 어디로 탈출할 것인가를 미리 생각해 두어야 한다. 이 생각을 하는 것과 안 하는 것은 큰 차이가 있다. 지혜 있는 사람은 평상시에 생각을 해놓는다. 누구나 어려운 상황이 반드시 찾아오기 때문이다. 일생 살면서 어려운 상황 없는 사람은 없다.

중국 역사에서 천하통일 이후 한고조 유방이 장자방을 죽이려고 하자, 장자방은 호남성의 기암절벽 기둥 수천 개가 탑처럼 솟아 있는 장가계張家界로 숨었다. 있는 것이라고는 기암절벽과 구름, 그리고 석이버섯밖에 없는 장가계에서 비록 배는 고팠지만 쫓아오는 추격자를 따돌리고 천수를 누릴 수 있었다.

고려 중기의 이자현李資玄은 부인이 죽자 인생살이의 덧없음을 뼛속 깊이 절감하고 산으로 들어갔다. 춘천의 오봉산五峰山 자락에 있는 문수원으로 숨었던 것이다. 오봉산 자락은 당시 고려 왕실에서 무등산無等山 도사로 알려졌던 은원충殷元忠이라는 일급 술사가 평소에 보아 두었던 지점을 이자현에게 넌지시 천거해주었던 것이다.

역사적으로 볼 때 대둔산大芚山은 인생의 막바지에 몰린 사람들이 숨어들었던 산이기도 하다. 우선 이름 자체부터가 범상치 않다. '둔芚' 자가 들어간다. '芚'에서 '풀 초艸'를 떼어 내면 '둔屯'이 된다. 한자는 발음이 같으면 비슷한 의미로 통하는 법이다. '屯'은 다시 '둔遯'과도 통한다. '屯'은 군대가 진을 친다는 뜻이다. 산세가 창검을 쳐들고 있는 것처럼 날카롭기 때문에 붙여진 이름이 아닐까 싶다. 대둔산은 편안한 산이 아니다. 기운이 강하고 날카로워서 무골武骨이 좋아할 만한 산이다. 자기 기질 따라 좋아하는 산의 스타일도 다르다. 원만한 성품은 둥글둥글하고 흙이 많은 육산肉山을 좋아하고, 과격한 성품은 기암절벽이 솟아 있는 골산骨山을 선호하기 마련이다.

인생의 절대 위기상황에 부닥치면 어디로 갈 것인가!
옛사람들은 산으로 숨었다. '숨어서 공부를 하고 몸을 보존하다가
때가 되면 다시 세상에 나온다.' 세상에 나올 싹을 기르고
보양하는 곳이 바로 대둔산이다.

완주 대둔산 석천암

_ 절벽에서 내려다본 석천암 지붕.

_ 백제 계백장군의 오천결사대, 동학군의 최후 저항지. 대둔산은 인생의 막바지에 몰린 사람들이
숨어들었던 곳이다.

계백과 동학군,
목숨이 남아 있을 때까지는 싸워야 한다

석천암石泉庵 올라가는 산길은 가파르다. 길 주위를 둘러싼 바위절벽들이 사람을 좌우에서 압박하는 형세라. 스마트폰과 보일러 방에 익숙한 도시인들은 위협감을 느낄 만한 지세다. 아스팔트와 네온사인, 아파트로부터 쌓인 '도시독都市毒'을 뽑아주는 데에는 특효이다. 바위를 만지고, 바위에 코를 대고 숨을 들이마시면 아랫배까지 숨이 내려오는 것 같다. 다시 바위에 뺨을 비비대어 본다. 암벽이야말로 '도시독'의 해독제다.

적막강산의 석천암에는 음력 동지섣달의 칼바람만 불었다. 앞산은 눈이 뿌려서 하얗다. 등산객도 보이지 않는 적막강산이다. 문득 '춥고 배고프다'는 단어가 떠오른다. 이렇게 추운 겨울산 암자에서 먹을 것도 없었던 옛날에는 얼마나 서러운 인생이었을까 하는 생각 말이다. 이 배고픈 암자의 주지는 천산天山 스님이었다. 적막강산의 석천암에서 10년 넘게 살았으니, 대둔산의 산기운을 받은 셈이다. 천산 스님에게 대둔산에 얽힌 사연을 이야기해 달라고 했다.

"백제 계백 장군의 오천 결사대가 최후까지 싸웠던 장소가 이 산의 수락계곡이요, 군지계곡이 아닌가 싶다. 전투는 황산벌에서 이루어졌다고 역사에 나온다. 백제와 신라의 정예 병력이 대회전을 벌였던 황산벌은 바로 이 대둔산 옆이다. 그리고 황산벌 바로 옆에 벌곡면伐谷面이 있는데, 벌伐은 '창칼로 치다', '창칼로 베다'는 뜻이 있다.

역사적으로 치열한 전투가 벌어졌던 현장임을 암시한다. 석천암은 행정구역상으로 충남 논산시 벌곡면에 포함된다. 계백의 군대는 신라군에 몰려서 아마 이곳 대둔산 군지계곡까지 왔을 것 같다. 군지軍止계곡은 '군대가 머무르다'는 뜻이다. 계곡 양쪽이 수십 미터의 절벽으로 둘러싸고 있는 아주 좁은 협곡이다. 이 계곡 끝자락은 역시 수십 미터의 절벽이 가로막고 있는 외통수 지형이다. 더 이상 갈 데가 없다.

이런 지형은 소수의 병력이 자기보다 숫자가 훨씬 많은 적과 전투를 끝까지 치러낼 만한 형국이다. 병목의 앞만 방어하면 되니까 말이다. 황산벌, 벌곡 전투에서 밀린 병력들이 군지계곡으로 후퇴해 최후까지 저항하지 않았나 싶다. 수락계곡도 현재 한자는 '수락水落'으로 되어 있지만, 내가 생각하기에는 '수급(머리)이 떨어졌다'는 '수락首落'이라고 추측된다. 계백 장군의 목이 떨어진 곳이 바로 '수락계곡'인 것이다. 계백 장군과 백제 결사대가 신라군에 맞서 최후까지 항전한 장소가 바로 이 대둔산이요, 수락계곡과 군지계곡이라고 추측된다. 석천암은 이 계곡을 통과해 올라오게 되어 있으니 의미가 심장하다."

대둔산은 동학군의 최후 저항지이기도 하다. 10만 명이 넘는 동학군이 공주 우금치 전투에서 기관총으로 무장한 일본군에게 거의 몰살당하다시피 했다. 공주 우금치 전투에서 살아남은 동학군 일부가 가까운 거리에 있는 대둔산으로 들어왔고, 일본군은 대둔산 일대를 샅샅이 뒤지면서 토벌작전을 벌였다. 마지막 동학군이 사살된 지점은 대둔산 장군봉이다. 장군봉 옆에는 윗부분이 넓적한 바위 절벽이 있다. 사람이 쉽게 올라가기 힘든 험한 절벽이다. 천산 스님의 설명에 의하면 이 바위절벽 위에는 약간의 물도 나오기 때문에 사람이 거처할 수 있었다고 한다. 마지막 동학군 7명이 여기에서 일본군에게 죽임을 당했다. 남자 3명, 여자 2명, 어린아이 2명이었다. 일본군은 7명을 사살해서 대중에게 전시한 다음에 마지막 동학군 토벌을 끝냈다고 선포했다. 몇 년 전 동학연구 단체가 장군봉의 이 바위절벽 위에서 동학군들의 유품을 발견했다고 신문에 보도된 적이 있다.

동학군 이후에는 한국전쟁 때 빨치산들이 이 대둔산에서 치열하게 저항했다. 석천암 올라오는 길 초입에는 이때 전사한 경찰들의 진혼탑이 있다. 천여 명의 경찰이 죽었는데, 빨치산도 이와 비슷한 숫자라고 한다. 지리산의 빨치산 대장 이현상의 고향이 바로 대둔산 자락에 있는 '진산면'이다. 대둔산의 기운이 진산면 자락으로도 강하게 흘러갔다. 이현상도 지리산에 가기 전에는 대둔산에서 빨치산 투쟁을 했던 것이다.

박정희 대통령 때 야당 당수가 유진산이다. '왕사쿠라'란 별명을 가진 유진산이었지만, 정작 본인 앞으로는 한 푼도 챙기지 않았던 협상의 귀재 정치인이었고, 고향 또한 진산면이었다. 진산면과 금산면은 1960년대 중반까지는 전라북도에 속했지만, 1960년대 중반 이후에 충청남도로 편입된 지역이다. 이현상과 유진산은 같은 고향친구였다. 초·중등학교를 같이 다녔고, 부잣집 아들이었던 유진산은 가난했던 이현상을 물심양면으로 많이 도와주었다고 한다. 두 사람이 아주 절친한 둘도 없는 친구 사이였다고 진산면의 촌로들은 전한다. 한 사람은 대둔산에서부터 빨치산을 하다가 결국 지리산에서 총을 맞고 죽었고, 야당 당수였던 유진산은 낮에는 박정희와 대립했지만, 밤에는 같이 술을 먹고 동생 형님을 하면서 정치협상을 하는 정치인의 길을 갔다.

— 은둔, 너무 세게 나가면
　　　다치는 법

내가 의산懿山 선생으로부터 들은 바에 따르면 원래 유진산의 증(고)조부는 짚신장사를 했는데, 하도 정직하고 성실하여 주변 사람들에게 인심을 얻었다고 한다. 어느 날 지나가던 지사地師가 짚신을 사다가, 짚신장사의 마음이 후덕한 것을 알고 그 보답으로 묏자리를 잡아주게 되었다. 유진산 증조부가 이 나이든 지관을 등에 업고 산을 올라가 잡은 묏자리가 대둔산 자락에 있었는데, 이 터를 쓴 뒤로 발복하여 유진산 집안이 재물을 모으게 되었다는 것이다.

유진산도 통이 커서 넓은 기와집인 자기 집에 놀음판을 제공하고, 노름꾼들로부터 구전(자릿세)을 받았다고 전해진다. 노름꾼으로부터 받은 구전은 동네 머슴들에게 모두 나누어주었다. 이러한 인심을 바탕으로 유진산은 국회의원이 되었다. 그러고 보면 유진산도 대둔산 자락의 정기를 받고 태어난 인물이다.

둔屯이 군사적 맥락이라면 발음이 같은 '둔遯'은 『주역』周易의 뜻을 담고 있다. 『주역』의 64괘 가운데 33번째 괘가 바로 '천산둔' 괘이다. 위에는 건(천)이 있고, 아래에는 간(산)이 있다. 하늘 아래 산이 있는 형국이다. 보통 '천산돈'으로 읽는다. 만약 괘를 뽑아서 천산돈 괘가 나오면 세상에 나오지 말고 은둔隱遁해야 하는 것이다.

논산에서 대둔산 오는 도로 중간에는 '돈암서원遯巖書院'이라는 팻말이 보인다. 조선중기 예학禮學의 종장이라 일컬어지는 사계沙溪 김장생金長生을 모셔놓은 서원이다. 왜 서원 이름이 '돈암'인가? 김장생은 임금으로부터 여러 번 조정에 들어와 벼슬을 하라는 부름을 받았다. 벼슬을 할 것인가, 아니면 산림에 남아 제자를 양성할 것인가를 고민하다가 『주역』의 괘를 뽑아 보았더니, 천산돈(둔)괘가 나왔다고 한다. 옛날 사람들은 벼슬 준다고 해도 날름 받지 않고, 신중하게 처신을 고민하는 관례가 있었다. 출사하지 않고 고향에 남기로 한 김장생은 제자양성에 주력했다. 사계의 제자가 우암 송시열, 동춘당 송준길이고, 아들이 김집이다.

중국의 주자도 장년기에 들어 당시의 권력 실세를 비판하는 강력한 상소문을 써서 이를 조정에 제출하려 했다. 주자의 제자들이 말렸다. "너무 세게 나가면 선생님이 다칩니다." 제자들과 상의 끝에 괘를 뽑아 보기로 했다. 아니나 다를까, 천산돈 괘가 나왔다. 주자는 이 괘를 뽑고 나서 겸허하게 마음을 정리했다. 반발효차인 '대홍포'라는 차로 유명한 무이산武夷山으로 들어가 「무이구곡가武夷九曲歌」를 짓고 계곡에서 죽벌(竹筏, 큰대나무를 엮어 만든 떼)을 타고 놀았다는 것 아닌가.

야산也山 이달李達은 1945년 광복이 되자 괘를 뽑아 보았다. 천산돈 괘가 나왔다. 숨어야 한다. 야산은 대둔산으로 숨어 들어왔고, 대둔산에서도 하필이면 석천암으로 들어왔다. 계백 장군이나, 임진왜란, 동학, 한국전쟁 때는 칼과 총을 든 무인들이 대둔산으로 들어왔지만, 야산은 학자였고, 도인이었고, 『주역』의 대가였다. 문사가 숨으러 들어온 것이다.

야산의 『주역』 해석은 독특했다. 미래에 대한 예측과 지명地名을 연관시키는 해석법이었다. 예를 들면 8·15 광복을 사흘 앞두고 야산은 제자들을 이끌고 경북 문경聞慶으로 갔다. 문경군 문경읍 문경리였다고 전해진다. 광복하루 전날 멍석을 깔아놓고 제자들과 같이 막걸리를 마시면서 닭춤을 추었다. "꼬끼오! 꼬끼오!" 다음날 광복이 되었다. 경사스러운 일을 듣기 위해서 문경으로 갔던 셈이다. 문경聞慶은 '경사를 듣는다'는 의미를 내포하고 있다.

— 숨어서 세상에 나올 싹을
기르고 보양하다.

광복이 되고 좌우익이 첨예하게 충돌하는 과정에서 야산은 천산돈 괘를 뽑았고, 대둔산의 '둔'자가 바로 천산돈의 돈(둔)과 발음이 같다. 그래서 대둔산으로 왔다. 대둔산은 동쪽에 태고사太古寺라는 유명한 고찰이 있다. 호서와 호남에서 '1 태고太古, 2 월명月明, 3 운문雲門'이라는 말이 있을 정도로 태고사는 영험한 도량이었다. 산의 8부 능선쯤에 위치해서 전망이 시원하다. 태고사 마당에 올라서서 앞을 바라보면 첩첩산중 산풍경이 펼쳐진다. 뒤에는 바위절벽이 병풍처럼 둘러쳐 있다. 최근까지 100세 넘게 장수를 누리다가 돌아가신 도천道川 노장이 주석하던 절이다.

대둔산 남쪽에는 안심사安心寺가 있다. 국세가 커서 작은 암자급은 아니고 큰 절에 해당한다. 야산은 큰 절을 택하지 않고 험한 절벽 끝에 있는 작은 암자인 석천암을 택했다. 인적이 드물고 숨어서 공부하기에 더 좋다고 여긴 것 같다. 야산은 석천암에서 수십 명의 제자를 받고(일설에는 108명의 제자), 유교경전과 『주역』을 공부시켰다. 제자들에게 함부로 세상에 나가지 말고 산속 암자에서 공부나 할 도수(度數, 운수)라고 강조했다.

인생의 결정적인 고비에서 이쪽이냐 저쪽이냐를 판단하는 일은 아주 중요하다. 이럴 때는 혼자서 판단 못 한다. 고수의 지도가 필요하다. 한번 판단 잘못해서 길을 잘못 들어가면 빼도 박도 못 하는 경우를 여러 번 목격하지 않았던가. 역사학자 이이화李離和 선생은 야산의 아들인데, 10대 시절에 아버지를 따라 석천암에서 한문공부를 했다고 회고한다. 이이화의 이離는 『주역』 팔괘의 하나인 '이離' 괘를 따서 지은 이름이다. 광복 이후 좌익이다 우익이다 해서 얼마나 혼란스러웠는가. 이 혼란기에 야산은 따르는 추종자들을 데리고 석천암에 들어와 『주역』 공부를 했다. 시간이 지나고 보니 얼마나 지혜 있는 행동이었는가. 그야말로 명철보신(明哲保身, 이치에 밝고 분별력이 있어 적절한 행동으로 자신을 잘 보전한다는 뜻)의 전형이다.

　　석천암은 이름 그대로 물맛도 일품이다. 달착지근한 맛이 난다. 물이 좋아야 피가 맑아지고 머리도 상쾌해진다. 명당의 조건 가운데 하나가 물맛이 좋아야 한다는 점이다. 물이 안 좋으면 장수 못 한다. 암벽 사이로 흐르는 석천石泉 양 옆의 암벽에는 희미하게 한자가 새겨져 있다. 침석枕石과 수천漱泉이라는 글씨다. 우암 송시열이 새겼다고 전해진다. 우암은 대둔산 태고사 입구의 바위에도 글씨를 남겼고, 태고사에서 공부하다가 다시 석천암으로 와서 공부했는데, 이때 남긴 글씨라고 한다. 침석이 새겨진 위치는 공부하다가 잠깐 서서 뒤로 등을 대면 머리 부분이 침석 글씨 부위에 맞닿게 되어 있다. '수천'은 매일 '양치질 하는 샘물'이라는 뜻이다. '침석'과 '수천'의 한 글자씩을 붙이면 '석천'이 된다. 고사성어에 '침석수류枕石漱流'라는 말이 있다. '돌베개를 베고 흐르는 물에 양치질 한다'는 뜻이다. 이름이 '석천암'이니까 '침석수천枕石漱泉'으로 뒤에 한 글자를 바꾼 셈이다.

　　대둔산은 『주역』의 33번째 괘인 '천산돈天山遯' 괘와 인연이 깊은 산이다. 돈遯은 은둔隱遁이기도 하다. 숨어서 공부를 하고 몸을 보존하다가 때가 되면 다시 세상에 나온다. 세상에 나올 싹을 기르고 보양하는 곳이기도 하다. 그러면 새싹이 돋는다는 '둔芚'이 된다. 둔芚, 둔屯, 돈遯이 일맥상통한다. 『주역』의 대가 야산 이달 선생이 광복 이후에 좌우익의 혼란과 충돌을 관망하면서 내공을 쌓던 유서 깊은 영지靈地가 바로 석천암이다.

_ 석천암은 길이 아닌 길, 가파른 바윗길을 통과해야
갈 수 있다.

_ 적막강산 석천암을 지키고 있는 오층석탑.

물맛이 일품인 석천石泉, 양 옆 암벽에는 침석枕石과 수천水泉이라는 글씨가 희미하게 새겨져 있다.
우암 송시열이 새겼다고 전해진다.

완주 대둔산 석천암

절벽 끝에 자리한 오층석탑, 더 이상 갈 데가 없다.

압력밥솥에 푹푹
밥이 익듯
기도가 절로
익어가다

3

도선 국사의 풍수철학 완성지
구례 지리산
사성암

어떤 분야든지 창시자가 된다는 것은 쉽지 않다. 남이 해놓은 것을 따라 하는 것은 쉽지만, 미지의 영역을 처음으로 개척한다는 것은 대단한 업적이다. 타고난 에너지와 창의력 그리고 인연복이 따라주어야 한 문파門派를 개창한다. 일본사람들은 이를 '리빠나(立派)'라고 부른다. 문파를 세운 사람은 '훌륭하다'라는 뜻이다. 일본은 전국시대 죽고 사는 칼부림을 겪으면서 내공을 쌓으려면 문파가 중요한 역할을 한다는 사실을 우리보다 훨씬 먼저 깨달았던 것 같다.

통일신라 말기의 도선 국사道詵國師야말로 한 문파를 세운 장문인의 전형이다. 그가 정립한 풍수철학風水哲學은 1,000년이 넘는 세월이 지났어도 지금까지 한국 사람들의 집터 잡는 데에 영향을 미치고 있으니 말이다. 서양철학의 트렌드가 길어야 100~200년이다. 그런데 1,000년 이상 영향력이 유지된다는 것은 대단한 일이다.

물론 풍수가 중국에서 시작되었다고 하지만, 이를 한국의 상황에 맞게 토착화한 인물은 도선 국사이다. 더군다나 중국에서는 마오쩌둥 정권을 거치면서 풍수의 맥이 끊기다시피 했고, 홍콩이나 대만에서 유지되는 풍수는 원래의 대풍수大風水 사상에서 곁가지로 나간 소풍수小風水라고 보아야 한다. 원래 의미의 청룡, 백호, 주작, 현무가 살아 있는 대풍수는 현재 우리나라가 종주국이라 해도 과언이 아니다. 그렇다면 도선이 풍수철학을 정립하기까지의 과정과 사연은 어떻게 되는 것인가? 그 제조 과정을 추적해 보자.

지리산 도사들이
마무리 공부를 하던 곳

도선은 어디에서 풍수를 연마한 것인가. 그리고 도선의 스승은 누구인가. 전남 구례의 사성암四聖庵은 도선이 풍수를 연마한 곳으로 알려져 있다. 도선은 이곳에서 풍수의 요체를 이해하고, 자신의 철학체계를 정립한 것으로 보

_ 풍수철학을 정립한 도선 국사를 비롯하여 원효, 의상, 진각 대사가 와서 공부했다고 하여 사성암이다.

인다. 고려 초기 최유청崔惟淸이 지은 도선 국사 비문에 의하면 도선은 젊었을 때 구례의 사도촌沙圖村에서 지리산의 이인異人을 만났다고 한다. 그 이인은 수백 살 먹은 인물이었다고 하니 아마도 지리산의 신선이었을 것으로 추측된다. 사도촌은 사성암 꼭대기에서 내려다보면 저 앞으로 보이는 동네이다. 섬진강의 모래가 쌓여 형성된 '사도촌'은 모래로 그림을 그렸다고 해서 붙여진 이름이다. 현재는 상사도리上沙圖里, 하사도리下沙圖里로 나뉘어 불린다. 도선이 수백 살 먹은 지리산 도사로부터 이곳 사도리의 모래를 쌓아놓고 산의 모양과 강물의 흐름이 어떻게 흘러야 명당인지를 학습했다고 한다. 지금 같으면 칠판에 그림을 그리면서 산천순역山川順逆의 모양을 설명했겠지만, 칠판이 없었던 1,000년 전에는 섬진강에서 퇴적된 부드러운 모래사장이 칠판 역할을 하는 풍수학습장이었던 셈이다.

사성암이 있는 오산鰲山은 높이가 350m밖에 안 되는 낮은 산이다. 산은 꼭 높다고 좋은 게 아니다. 당나라의 시인 유우석劉禹錫이 쓴 「누실명陋室銘」에 보면 '산부재고山不在高 유선즉명有仙則名'이라고 했다. '산은 높은 데에 있는 것이 아니고 신선이 살아야 명산이다'라는 뜻이다. 산만 높고 명인이 살지 않으면 '앙꼬 없는 찐빵'이다.

명산에는 명인이 있어야만 명산으로서 가치가 빛난다. 오산은 지리산의 도사들이 어느 정도 공부가 깊어지면 마지막으로 들러서 마무리 공부를 했던 곳으로 전해진다. 중간단계 이상을 거쳐 고단자로 승단한 신선과神仙科들이 지리산 1,500m급 영봉靈峰들의 고단백 에너지를 모두 섭취한 다음 오산에 와서 되새김하는 공부를 했던 것이다. 말하자면 지리산파의 마지막 공부 코스였다고나 할까. 그래서 '오산은 지리산의 형님 산'이었다고 도사들 사이에 회자되어 온다.

난류와 한류가 만나는 곳에
고기가 많이 모이듯

오산 사성암에서 마무리 공부를 마치면 그 다음으로 계룡산이나 금강산을 찾았다. 계룡산이나 금강산은 학교에서 배운 공부를 현실에서 적용해 보는 실전경험 양성 과정에 해당한다. 그렇다면 왜 350m밖에 안 되는 산이 지리산파의 최종 공부 터가 될 수 있었을까. 어떤 점이 매력이란 말인가.

오산에서 마주 보이는 구례 일대의 지리산은 한반도 백두대간의 큰 줄기가 3천 리를 흘러 내려와 멈춘 지점이다. 풍수적으로 해석하면 결국結局을 이룬 곳이다. 호박 줄기의 끝에 호박이 열리듯이 백두대간의 끝자락에 기운이 뭉치면서 국局을 이룬 지점이다. 섬진강물이 가로막고 있어서 그 다음에는 더 이상 갈 데가 없다. 그런데 자그마한 오산이 구불구불 3천 리를 내려온 대간大幹의 에너지를 받쳐주는 역할을 하고 있다. 불교용어로 표현하면 회향回向을 시켜주는 기능이다. 회향을 하지 않으면 기운이 그냥 분산되어 버린다. 달리 비유하면 반사경처럼 빛을 반사시켜 주는 역할이기도 하다. 적당한 산이 끝에서 하나 받쳐주어야만 기운이 응집되는 것이다.

풍수에서는 이처럼 기운이 빠지지 않도록 응집시켜 주는 역할을 하는 봉우리를 '수구水口 막이'라고 부른다. 양산 통도사에도 차량 차단기가 설치되어 있는 정문 입구에 자그마한 봉우리가 하나 있는데, 이 봉우리가 통도사를 관통하는 냇물의 기운을 마지막으로 잡아주는 기능을 하고 있다. 이게 없으면 통도사의 기운이 세기 때문에 에너지가 빠져버린다. 오산이 바로 이 수구막이 역할과 같다.

더군다나 오산은 지리산처럼 백두대간의 주맥이 아니다. 호남정맥의 끝자락에 해당한다. 호남정맥의 끝자락은 전남 광양의 백운산白雲山인데, 오산은 백운산의 시작 지점이기도 하고 끝자락이기도 하다. 섬진강을 사이에 두고 백두대간의 끝자락과 호남정맥의 끝자락이 서로 마주 보고 있는 형국이다. 맥이 다르면 기운도 다르다.

난류와 한류가 서로 만나는 지점에 고기가 많이 모인다. 기운이 서로 다른 이종격투기가 이루어지는 지점에 스파크가 튄다. 구례 사성암은 바로 이런 산맥의 이종격투기가 이루어지는 현장이다.

오산의 정상은 단단한 바위기둥으로 이루어져 있다. 동양화를 그리는 기법 중에 부벽준斧劈皴이라는 게 있다. 바위나 암석을 붓으로 그릴 때 도끼로 장작을 패는 것처럼 탁탁 쳐서 그리는 기법을 말한다. 사성암이 자리 잡고 있는 오산 정상 바위들의 표면은 도끼로 찍어 다듬어놓은 것 같은 느낌을 준다. 무협지에 등장하면 딱 맞는 분위기의 바위들이다. 주인공이 적과 싸움을 하다가 내상을 입고 숨어 들어와 고수를 만나 다시 공력을 연마하는 장소 말이다. 신비스럽기도 하고 비밀스럽기도 하면서 장쾌한 경관이 연출되는 지점인 것이다. 3~4m 높이의 바위가 총총히 서 있기도 하고 10m 이상의 우뚝 솟은 바위도 서 있는 석림石林의 형세이다.

이처럼 단단한 바위가 밀집되어 있는 지세는 기운이 강하다. 바위는 지기地氣가 응축되어 있는 신물神物이다. 바위가 많으면 기운도 강하다. 에너지가 있어야 도를 닦는다. 바위 속에 있는 광물질로 지구의 자석 에너지가 방출되고 있는데, 인체의 피 속에도 철분을 비롯한 각종 광물질이 함유되어 있기 때문에, 바위에 앉아 있으면 이 에너지가 피 속으로 들어와 온 몸을 돌아다니게 된다. 그래서 몇 시간 동안 바위에서 뒹굴면서 머무르면 나도 모르게 땅의 기운이 몸으로 들어오게 된다. 몸이 빵빵해진다.

신선들이 바둑을 두면서 놀았다고 하는 지점들을 유심히 보면 거의 대부분 이처럼 지기가 강하게 뿜어나오는 너럭바위들이다. 땅 기운을 받으려고 너럭바위에 머무른 것이다. 사성암의 바위들도 마찬가지이다. 바위가 한두 군데 있는 것이 아니라 사자의 이빨처럼 총총하게 암벽들이 밀집되어 있는 모습이다. 그것도 산 정상에 말이다.

사성암, 4명의 성인이 공부하며
내공을 쌓다

천문과 지리를 연구하는 도사가 이런 석림을 절대로 그냥 지나칠 리 없다. 4명의 성인이 공부했다고 해서 사성암인데, 바로 원효元曉, 의상義湘, 도선道詵, 진각眞覺이다. 이 4명도 이곳에 와서 바위들의 정기를 듬뿍 받았을 것이다. 사성암에는 산신각山神閣 자리가 기운이 많이 뭉쳐 있는 것으로 보인다. 산왕전山王殿이라는 현판이 걸려 있다. 산신각이라는 명칭보다 더 높인 표현이 산왕전이다. 임금이 거처하는 전각殿閣에서 전殿이 각閣보다 앞에 오는 이치와 같다. 경복궁의 근정전, 사찰 대웅전의 전殿이다. 그만큼 높여 부른 이름이다. 사성암의 '산왕전'이 자리 잡은 터는 아주 기막힌 지점이다. 좌우에 바위 암벽이 꽉 끼는 여인들의 치마처럼 바짝 붙어 있다. 뒤쪽에도 또한 바위 맥이 내려오고 있다. 그야말로 기운이 빠질 수 없는 꽉 조이는 지점에 산왕전이 자리 잡고 있다. 여기에서 기도를 열심히 하면 7일 만에도 소원 하나는 이루어질 것 같은 예감이 든다. 압력밥솥에 넣고 푹푹 찌는데, 어찌 밥이 익지 않겠는가! 절절 끓는 찜질방에서 일주일만 제대로 지지면 어지간한 병은 나을 것이다.

산왕전 바로 옆에는 도선이 공부했다고 하는 도선굴道詵窟이 있다. 그 옛날에 이 높은 산꼭대기 지점에 법당을 짓기 힘들었을 것이다. 법당을 세우기 전에는 자연동굴에서 수도하는 경우가 대부분이었다. 비바람을 막아주기 때문이다. 고대의 수도처는 동굴이 많다. 도선도 아마 이 자그마한 동굴에서 공부했을 것이다. 사성암은 약사도량이므로 산왕전이 아니라 약사여래를 모셔놓은 데서 기도해야 한다. 절벽에 기둥을 세워 지은 법당이 있다. 이 법당에는 바위 절벽에 손톱으로 그렸다고 전해지는 약사여래의 선각線刻 그림이 있고, 이를 유리창 너머로 바라볼 수 있도록 법당 구조가 되어 있다. 보통 사성암을 찾는 기도객은 이곳에서 기도한다.

풍수, 산의 흐름과
평야의 집과 물의 방향을 알다

사성암 암벽 전망대에서 바라보면 지리산 봉우리들이 한눈에 들어온다. 왼쪽부터 견두산, 지초봉, 간미봉, 만복대, 성삼재, 차일봉, 노고단, 반야봉, 왕시루봉, 천왕봉 등이다. 다시 왼쪽으로 눈을 돌려보아도 백운산에 연결된 광양 일대의 고봉들이 병풍처럼 둘러싸고 있다. 사성암 주위를 1,000m급 봉우리들이 빙 돌아서 둘러싸고 있는 것이다. 사람도 자기 혼자 잘났다고 하면 덜 떨어진 인간이다. 주변 사람들이 잘났다고 해야 진짜 잘난 인물이 된다. 사성암 주위로 1,000m급 봉우리들이 웅위雄衛하고 있으니까, 주변에서 사성암을 알아주고 있는 형국이다. 주변에서 알아주니까 외롭지 않다. 이처럼 봉우리들이 둘러싸고 있는 국세라야만 좋은 터이다.

높은 봉우리가 둘러싸면 자칫 답답할 수 있다. 그런데 사성암 앞으로는 널따란 구례평야가 펼쳐져 있다. 평야에서는 쌀이 나온다. 어디든지 먹을 것이 나와야 명당이다. 배고프면 오래 못 간다. 여기에 금상첨화 격으로 섬진강이 사성암을 활처럼 둘러싸고 흐른다. 이를 풍수에서는 금성수金星水라고 부른다. 활, 반달 또는 가락지처럼 둥그렇게 감아 돌면서 흐르는 물을 가리킨다.

자연에서 채우는 영적 에너지 1

바위에 머물다 _ 단단한 바위가 밀집되어 있는 지세는 기운이 강하다. 바위는 지기地氣가 응축되어 있는 신물神物이다. 바위가 많으면 기운도 강하다. 바위 속에 있는 광물질로 지구의 자석 에너지가 방출되고 있는데, 인체의 피 속에도 철분을 비롯한 각종 광물질이 함유되어 있기 때문에, 바위에 앉아 있으면 이 에너지가 피 속으로 들어와 온 몸을 돌아다니게 된다. 그래서 몇 시간 동안 바위에서 뒹굴면서 머무르면 나도 모르게 땅의 기운이 몸으로 들어오게 된다. 몸이 빵빵해진다. 신선들이 바둑을 두면서 놀았다고 하는 지점들을 유심히 보면 거의 대부분 지기가 강하게 뿜어 나오는 너럭바위들이다.

사성암을 감아 도는 섬진강의 모습은 금성수에 해당한다. 이렇게 명당터를 둥그렇게 감아 도는 모양은 사성암 아니면 보기 힘들다. 오산의 거친 바위들을 섬진강이 부드럽게 쓰다듬는다고 할까. 곡성, 압록鴨綠 쪽에서 내려온 강물은 사성암을 활처럼 감아 돌면서 화개, 하동 쪽으로 흘러간다.

산왕전 뒤의 바위에 올라가서 보면 멀리 압록에서 흘러 들어오는 강물이 사성암 앞에서 감아 돌아가 화개 쪽으로 빠지는 모양 전체가 보인다. 거대한 S자 모양이다. 이 S자 모양의 강물을 보는 것이 풍수학자인 나에게는 무엇보다도 소중하다. 1시간 이상 강물을 바라보아도 지루하지 않다. 꽃이 피는 5월이 오면 도시락 싸가지고 와서 반나절은 지켜보고 싶다.

공주 마곡사 대웅전 앞을 감아 도는 냇물도 S자 형국이고, 거시적으로는 남쪽에서 북쪽으로 올라가면서 계룡산을 감아 돌아 서해로 빠지는 금강의 모양이 이렇다. 그러나 마곡사 S자는 너무 작고, 계룡산을 감아 도는 금강의 S자는 비행기를 타고 5,000m 이상을 올라가지 않고는 전체 모양을 한눈에 관조할 수 없다. 사성암의 섬진강은 이 중간 사이즈이다. 관조가 가능한 지점이다. 이렇게 감아 도는 물이 있으면 '산태극 수태극山太極 水太極'의 명당이 된다. 높은 지리산과, 구례평야, 그리고 섬진강이 3박자를 이루면서 조화를 이룬 곳이 바로 오산 사성암 터이다.

산의 흐름, 평야의 인가人家, 물의 방향을 알면 풍수 공부의 골격은 다 마친 셈이다. 거기에 백두대간과 호남정맥이 마주 보는 산태극 수태극의 형국이니 더 바랄 것이 무엇인가. 도선 국사가 풍수를 공부하기에는 더할 나위 없는 최적의 학습장이었다.

_ 섬진강이 사성암을 S자 모양으로 휘감으며 흐른다. 높은 지리산과 구례평야, 그리고 섬진강이 조화를 이루는 명당이다.

구례 지리산 사성암

_ 절벽에 기둥을 세워 지은 법당의 내부.
바위 절벽에 손톱으로 그렸다고 전해지는
약사여래의 선각線刻 그림이 있다.

구례 지리산 사성암

_ 사성암을 찾는 기도객은 주로 이곳에서
기도한다.

_ 사성암 주위에는 도끼로 찍어 다듬은 듯한 바위들로 가득하다. 마치 무협지의 고수들이 공력을
연마하는 장소처럼 느껴진다.

_ 사성암 산왕전이 자리한 터는 아주 기막힌 지점이다. 좌우에 바위 암벽이, 꽉 끼는 여인들의 치마처럼
바짝 붙어 있어 기운이 조금도 빠질 수 없다.

구례 지리산 사성암

간절함이
없는 삶은
기쁨도
없다

<u>4</u>

반드시 이뤄내겠다는 결기가 서린 곳
과천 관악산
연주암

관악산冠岳山은 이름에 관冠이 붙어 있다. 관冠은 갓, 또는 관례冠禮의 관을 뜻한다. 면류관冕旒冠이라고 할 때도 이 관 자를 쓴다. 관세음보살이 머리에 쓴 관을 보관寶冠이라고 한다. 관은 임금, 벼슬, 위엄을 나타내는 상징이다. 경기도 과천의 관악산은 그 이름 자체에서도 이러한 위엄과 벼슬의 의미를 담고 있다. 한마디로 정의한다면 '벼슬제일 관악산'이다. 이름이 지닌 풍수도참 때문일까. 서울대학교가 관악산 밑에 자리 잡고 있는 것도 관악산이 내뿜는 지령과 무관하지 않다.

관악산의 형상을 관의 모양과 관련 있다고 전제하고 보면, 산 정상에 솟아 있는 암봉岩峰들이 바로 관의 모습과 연관된다. 관은 벼슬이고, 벼슬은 주작, 공작, 닭의 볏이 여기에 해당한다. 보다 더 범위를 좁혀 보면 연주대가 앉아 있는 바위 모습이 닭볏과 같다. 연주대를 옆에서 찍은 사진이나 바로 옆 전망대에서 바라보면 바위의 형상이 선명하게 들어온다. 뾰족뾰족하게 솟아 있는 바위 위에 축대를 쌓고 암자를 앉힌 모습이 꼭 닭볏 위에 앉아 있는 모습이다. 크게 보면 관악산 전체의 바위 형태가 볏이기도 하지만, 좁혀 보자면 연주대의 바위가 닭 모양인 것이다.

서울 도성에서 바라볼 때 관악산은 남쪽에 위치한다. 경복궁에서 보면 관악산은 화체火體의 형태이다. 남쪽은 불의 위치이다. 경복궁 앞의 해태는 멀리 남쪽에 바라다 보이는 관악산의 화기를 누르기 위한 비보상징神補象徵이라고 전해진다. 남대문을 숭례문崇禮門이라고 이름 붙인 것도 오행사상에서 남쪽이 예禮에 배당되기 때문이다. 동아시아의 오래된 종교적 상징물인 사신수四神獸 가운데 남쪽을 담당하는 신수는 날짐승인 주작朱雀이다. 주작은 공작 비슷한 새이다. 공작을 줄이면 닭이다. 모두 머리에 볏이 있다. 닭은 인간 세계의 벼슬을 가리킨다. '닭 벼슬'이라고 하지 않던가! 서울에서 볼 때 남쪽 방향을 대표하는 산인 관악산. 그 정상에 뾰족뾰족 솟아 있는 바위 봉우리들은 주작, 공작, 닭의 머리에 있는 볏의 모습이라고 생각한다. 관악산이라는 이름을 이 산에 붙였던 옛날 도인들도 틀림없이 정상의 바위 봉우리들을 주작

의상 대사는 수행터로 높은 절벽 위나 고고孤高한 터를 좋아했다.
연주대가 있는 연주암이 바로 그러한 대표적인 터이다.

(닭)의 머리에 있는 볏이라고 연상했을 것이다.

죽기 아니면 살기,
의상 대사의 공부터

연주대戀主臺는 관악산 정상 닭볏 위에 자리 잡고 있다. 관악산이 해발 630m 정도 되니까 연주대는 600m 높이 즈음에 자리 한다. 관, 그러니까 벼슬 바위 들 사이에 축대를 쌓아 세웠다. 대臺는 보통 언덕을 가리킨다. 그러나 연주대 는 깎아지른 바위 절벽 속에 자리 잡고 있다. 밑에서 보면 아슬아슬한 위치이 다. 600m나 솟아 오른 바위산에서 그리고 그 바위산을 기단으로 하여 바위 절벽 최정상 부위에 독수리 집 같이 자리 잡고 있는 기도터가 바로 연주대이 다. 불가에서 말하는 백척간두百尺竿頭의 자리가 연주대이다. 한 발 앞으로 내 딛으면 낭떠러지로 떨어지는 자리이다. 백척간두 자리는 목숨 걸고 승부를 보는 수행처이다. 도를 통하지 못하면 떨어져 죽어버리겠다는 결기를 가진 수행자들이 머물렀던 수도터였던 것이다.

부안 변산邊山에서 목숨 걸고 수행했던 진표 율사의 공부터 부사의방 不思義房도 낭떠러지 위에 있다. 진표 율사는 공부가 신통치 않자 절벽 밑으로 뛰어 내렸고, 지장보살이 떨어지는 진표 율사를 받아 올렸다고 『삼국유사』에 는 기록되어 있다. 금강산 보덕암도 바위 절벽 위에 있다. 해남 달마산의 도솔 암 또한 비슷한 지형에 자리 잡고 있다. 가파른 절벽 위에 자리 잡은 암자들은 보통 사람들이 접근하기 어려웠던 난공불락의 요새 같은 지형이다. 외부와 단절하고 죽기 살기로 내면세계로 침잠하기 위해서는 외부세계와 철저한 격 리가 필요하다. 절벽 위가 최고인 것이다.

연주대는 원래 신라의 의상 대사가 공부하던 터라고 전해진다. 그러니 까 677년 무렵이다. 원래 이름은 의상대義湘臺였는데, 후대로 내려오면서 연 주대로 이름이 바뀌었다. 의상은 성품이 원효와는 달랐던 것 같다. 원효가 서민적인 성품으로 시장바닥에서 많이 교화를 했다면, 의상은 고결한 성품으로 소위 엘리트 층에 감화를 주었다. 원효는 방대한 저술을 남긴 대 저술가이기도 하지만, 의상은 박사논문 격인 「법성게」만 간단하게 남겼다. 「법성게」 한 권에 그의 핵심 사상이 모두 담겨 있다. 의상의 아주 간결한 성품이 드러나는 대목이다.

두 사람이 공부를 했던 수행터를 보아도 노선의 차이가 나타난다. 원효는 평지에도 많이 있었지만, 의상은 높은 절벽 위나 고고孤高한 터를 선호하였다. 의상대(연주대)가 바로 그러한 대표적인 터이다. 2000년 무렵 방문한 중국 서안西安 옆 종남산終南山에도 의상이 공부했던 터인 천공대天供臺가 있었다. 의상이 당나라에 유학을 갔을 때 당나라 수도가 서안이었고, 서안과 가까운 지점에 붙어 있는 명산이 바로 종남산이다. 의상은 당나라에 갔을 때 종남산에서 공부를 했다. 신라 출신들이 당나라에 유학을 가면 주로 종남산에 많이 머물렀다. 동시대의 신라 인물인 김가기도 종남산에서 수도하였다. 김가기는 불가가 아닌 선가仙家의 인물이다. 의상은 종남산의 바위 절벽 위 아슬아슬한 지점에 수행공간을 마련했다. 그 터가 천공대이다. 의상이 하늘의 선인들로부터 공양을 받았다고 해서 천공대이다. 종남산의 천공대 터나, 관악산의 의상대나 모두 난공불락 절벽 위의 독수리 집터라는 공통점이 있다.

연주암 주지인 탄무 스님 말에 의하면 관악산에서 능선을 타고 3시간 반 가량 걸어가면 삼막사三幕寺가 나타난다고 한다. 삼막사는 안양시 삼성산三聖山에 있지만 산자락으로 따지면 관악산과 연결되어 있다. 삼막사는 '천막이 3개'라는 뜻이다. 신라시대 의상, 원효, 윤필거사가 이곳에서 천막을 쳐놓고 공부를 했다고 하여 삼막사다. 짐작컨대 '3명의 성인'이라는 의미를 지닌 삼성산의 이름도 원효, 의상, 윤필이 수행했다고 해서 붙여진 이름인 듯하다. 이 세 사람은 콤비이다. 죽이 맞았던 모양이다. 죽이 맞다는 것은 서로 보완적인 관계라는 말도 된다. 보완이 되어야 오래간다. 서로 상충하면 피곤하고 에너지 소모가 많기 때문에 같이 못 다닌다. 전국 이곳저곳에 세 사람이 같이 수행했다는 이야기가 많다. 원효는 털털하고 민중적인 기질이었던 것 같고, 의상은 깔끔하면서도 초연한 태도를 유지하는 귀족적인 스타일이었고, 윤필 거사가 아마도 그 중간 즈음의 스타일이 아닌가 싶다. 성격과 스타일의 차이는 선호했던 수행 터에서 차이가 나타나기 마련이다. 삼막사에서 같이 수행하던 중에 의상은 관악산 정상에 있는 연주대 터를 눈여겨보았던 것 같다. 다른 사람이 쉽게 접근할 수 없고, 바위의 형태도 독특한 데다가, 터에서 품어져 나오는 기운도 강력한 지점. 의상의 성격에 딱 부합 되는 곳이었다. 독립적으로 내면세계에 몰입할 수 있는 곳. 다른 사람들의 방해를 받지 않고, 그러면서도 백척간두 깎아지른 절벽이 주는 절박함도 배어 있다. 그 절박함이란 '죽기 아니면 살기'라는 심정이 아니겠는가.

민족의 거대한 정한수
천지와 백록담

연주암에서 연주대까지는 걸어서 10여분 남짓 거리이다. 돌계단을 따라 올라가면 연주대가 나온다. 연주대는 연주봉 정상의 거대한 화강암 암반의 한쪽에 자리 잡고 있다. 바위의 종류에 따라 그 기운이 달라진다. 한국은 화강암이 많다. 네팔 히말라야에 가장 많은 암석은 운모석雲母石이다. 운모는 아라비아어로 '진주'라는 의미이다. 운모는 불에 강하다. 우리나라 방바닥 구들장에 까는 돌이 운모석인데, 운모석 또한 기운이 매우 강하다. 히말라야 도인들은 대개 운모석 기운을 많이 받았을 것으로 짐작된다. 한국의 화강암은 운모석보다 더 강도가 높다. 강도가 높다는 것은 품어져 나오는 기운도 단단하다는 뜻이다. 유럽에는 석회암이 많다. 그리스의 신전 터에는 석회암이 많이 깔려 있다. 석회암은 화강암에 비해 훨씬 부드럽고 약하다. 또 대리석도 많이 파묻혀 있다. 대리석은 물렁물렁하다. 석수장이가 망치로 다듬기에 좋은 돌이다. 대리석이나 석회암에서 품어져 나오는 기운도 화강암과는 다르다. 화강암이 훨씬 강하고, 불기운이 강하게 올라온다.

연주대가 의지하고 있는 연주봉은 거대한 화강암 덩어리다. 흥미롭게도 암반 꼭대기 즈음에 둥그런 구멍이 패여 있었다. 지름 40㎝ 깊이는 20㎝ 정도. 산 정상 부위 암반에 오목하게 나 있는 이런 구멍들은 사람이 인공적으로 판 것이다. 문화인류학에서는 이를 '컵 마크Cup Mark'라고 부른다. 선사시대 기도를 드리던 터에 이런 구멍들이 발견된다. 미국 애리조나에 있는 바위 꼭대기에서도 이 컵 마크를 보았고, 우리나라 곳곳에서도 발견된다. 속리산 문장대 정상 바위 암반에도 세숫대야 크기만 한 구멍이 여러 개 있다. 월출산에서 가장 영험한 기도터로 알려져 있는 봉우리가 구정봉九井峰이다. 9개의 구멍이 파여 있다 하여 구정봉이다. 지름 30, 20㎝ 크기의 구멍이 9개가 있다. 비가 오면 구멍에는 빗물이 고인다. 북한산 인수봉 정상 부위에도 컵 마크가 있다. 이곳 역시 선사시대 사람들의 기도터였던 것이다.

부산의 금정산金井山도 마찬가지이다. 정井은 우물이란 뜻이다. 금정산 바위 봉우리 꼭대기에 구멍이 패여 있다. 지름이 30~40㎝에 불과한 구멍에는 물이 고여 있다. 가뭄에도 마르지 않는다. 이 작은 구멍 속 물을 우물로 본 것이다. 중국도 예외가 아니다. 중국의 5악嶽 중에서 가장 바위가 많고 험한 산이 서악西嶽인 화산華山이다. 화산도 2,000m가 넘는 화강암 산이다. 화산 역시 정상 부근에 세숫대야 크기의 컵 마크가 여러 개 파여 있다. 도관이 들어오기 전부터 이미 화산은 고대인들의 기도터였던 것이다. 연주봉에 있는 컵 마크도 이곳이 오래 전부터 영험한 기도터였음을 증명한다. 적어도 3,000년에서 1만 년 전의 종교 시설물이라 할 수 있다.

그런데 고대인들은 왜 바위 암반에 구멍을 정성스럽게 파놓았을까. 물이 고이기 때문이다. 기도를 하려면 물이 있어야 된다. 물은 기운을 응집시키는 작용을 한다. 바위에서 불기운이 나오는 것을 물이 잡아주어야 한다. 산꼭대기에 물이 어디 있겠는가. 물병도 없을 때였으니 물을 가지고 갈 수도 없었다. 인공으로 구멍을 파놓는 수밖에 없다. 비가 오면 물이 고인다. 우리 조상들은 정한수井寒水를 떠놓고 기도했다. 장독대 위에 물 한 그릇을 떠놓고 기도한다는 것은 상식이다. 왜 정한수인가. 비록 한 사발의 물이지만, 물은 기도를 드리는 사람의 염파念波를 모아주고 응집시키는 작용을 하기 때문이다. 이런 각도에서 보면 백두산과 한라산이 민족의 영산靈山으로 꼽히는 이유도 납득이 된다. 산꼭대기에 거대한 호수가 있는 것이 백두산 천지이고, 한라산의 백록담이다. 상상력을 키워 생각하면 천지와 백록담은 거대한 정한수에 해당한다. 천지가 정한수의 빅 사이즈라면, 한 사발의 정한수는 스몰 사이즈이다. 연주봉의 컵 마크도 이런 맥락에서 보면 눈여겨볼 문화유적이다.

　　몇 해 전 서울 숭례문에 화재가 났다. 화재의 거시적인 원인으로, 관악산의 화기를 누르지 못해서 생긴 것이라는 다분히 민속학적인 해석이 있었다. 서울 경복궁에 큰 화재가 발생하는 것은 남쪽 불의 방향에 있는 관악산의 화기 때문이라는 게 조선시대 오행적인 사고방식이었다. 관악산이 불에 해당하는 산이라는 나의 신문칼럼을 읽은 어느 독자가 제보를 해주었다. '관악산 정상에 가보면 세숫대야 크기의 구멍이 있습니다. 거기에 물이 차 있고요. 아마 이것이 불을 제압하기 위한 어떤 조치가 아닌가 싶습니다'.

　　나는 그때 언젠가 한번 그 컵 마크를 눈으로 봐야겠다고 생각했는데,

자연에서 채우는 영적 에너지 2

기도하다 _ 인생에서 어떻게 손을 써볼 수 없는 상황에 부닥치면 어떻게 할 것인가? 보통 사람은 이때 자살하고 싶은 충동을 느낀다. 여기에서 두 갈래로 선택이 갈린다. 한쪽은 죽음을 택하고, 다른 한쪽은 기도祈禱를 시도한다. 죽느냐 사느냐의 갈림길에서 기도를 해본 사람만이 지니는 독특한 깊이가 있다. 내 어머니는 평생 새벽마다 부엌에서 대접에 찬물 한 그릇 떠놓고 칠성기도를 드렸다. 칠성기도를 하는 모습을 보면서 자식은 많은 것을 생각할 수밖에 없다. '무엇을 위해서 저렇게 기도하는가?'에서부터 시작해 '과연 저렇게 기도한다고 해서 효과가 있는가? 마지막에는 '인간이 저렇게 간절하게 기도하며 사는 삶도 나쁘지 않다'는 생각으로 변한다. 어느 종교이든 상관없다. 인생에서는 간절한 마음을 가지고 있느냐가 더 중요하다.

_ 닭의 볏처럼 뾰족뾰족한 바위 위에 앉은 연주대. 닭의 볏은 벼슬을 상징하므로 예로부터 수많은
사람들이 출세와 벼슬을 위해 기도했다.

이번 답사에서 직접 목격하니 희열이 솟았다. 내 짐작이 맞았다는 기쁨이다. 그러나 컵 마크는 서울이 도성이 되기 이전부터 있었던 것이므로 꼭 화기 제압용이라고 볼 수는 없다. 성스러운 기도터의 표식을 해둔 것이라고 보아야 한다.

간절한 기도에서 오는
삶의 기쁨, 그리고 베풂

연주대에서 전후좌우 바라보는 풍광은 일품이다. 날이 맑으면 멀리 서해 바다가 보인다. 서울 시내는 물론이다. 경복궁도 보인다. 동생 세종에게 왕위를 양보한 효령대군이 연주대에 와서 한양 도성을 바라보면서 여러 가지 복잡한 생각을 하였다고 해서 붙여진 이름이 연주대戀主臺이다. 여기에서 주主는 임금이다. 동생인 세종을 사모했다는 의미인데, 동생이 잘 되라고 사모하는 감정도 물론 있었겠지만, '저 자리가 원래 내 자리인데' 하는 한恨도 품었다고 봐야 하지 않겠는가. '연戀'은 복잡한 감정이 함축되어 있는 표현이다. 원래 의상대가 연주대로 바뀐 것은 효령대군 때문이라고 전해진다.

연주암은 국내에서 손꼽히는 기도터이다. 내가 보기에 국내에서 손꼽히는 설악산 봉정암, 남해 보리암, 팔공산 갓바위, 선운사 도솔암 급에 속한다. 장점이 있다. 수도 서울에 있다는 점이다. 봉정암이나 보리암을 가려면 1박 2일 일정이 필요하다. 연주암은 서울에서 곧 바로이다. 1,500만 수도권 인구가 쉽게 접근할 수 있는 거리이다. 물론 산 밑에서 2시간은 걸어 올라가야 하지만 말이다. 연주대의 주 기도는 시험합격과 벼슬이다. 시험에 합격해야 승진도 할 수 있고, 벼슬도 할 수 있다. 일단 시험합격이 관문이다. 공교롭게도 70년대 서울대학교가 관악산 자락으로 이사를 왔다. 우리나라 벼슬아치의 50%는 서울대 출신이 차지하고 있는 현실이다. 벼슬아치 양산 대학이 서울대학교이고, 서울대가 벼슬산인 관악산 밑으로 자리 잡았다는 것도 흥미롭다. 연주암 종무실에서 사무를 보는 아주머니와 이야기를 나누었다. 60대 초반인 그녀는 1주일에 한 번씩 연주암에 올라와 자원봉사를 하고 간다고 한다. 남들이 하기 어려운 봉사를 할 정도면 연주암에서 기도 효과를 보았을 터였다. 효험이 없으면 열심히 봉사하기 힘들다. 종교는 이론이 아니라 체험이다. 그녀는 연주암에 30년째 다니고 있다고 했다. 아들이 둘인데 큰아들은 서울대를 나와 판사로 일하고, 작은아들은 카이스트에 재학중이라고 했다. 모두 연주암에서 기도한 덕분이라고 말한다. 그래서 그 은혜를 갚기 위해 연주암에 주말마다 와서 일을 돕고 있는 것이다. 그녀에게 물었다.

"연주암이 정말 영험합니까?"

"물론이지요. 제가 30년 전 처음 왔을 때 새벽에 일어나 연주대에 올라갔는데, 구름 위에 연주대가 떠있는 것 같았습니다. 너무나 황홀하고 신령스러운 모습이었습니다. 지상이 아니라 천상세계에 와 있는 것 같았어요. 새벽에 한 번 연주대에 올라가 보세요. 제가 말한 신령함을 느낄 것입니다. 저는 매주 한 번씩 연주암에 오는 것이 큰 위안이고 생활의 즐거움입니다."

한반도 우리 땅은 기도터 아닌 곳이 없지만, 온통 화강암으로 둘러싸인 관악산 연주대는 방문객들에게 특별한 영험을 주는 영지이다. 나도 '꽃방'에서 하룻밤 잤다. 잠잘 때 들어온 기운이 산을 내려오는데도 여전히 몸속에서 살아 움직이는 듯했다.

먼 미래의
누군가를 위해
땅 속에서 솟은
혁명불

5

혁명과 주술의 결합
고창 선운사
도솔암

영호남의 관계는 미묘하다. 상충하는 것 같으면서도 보완적인 측면이 있다. 백두대간의 주맥은 경상도로 흘렀다. 경상도가 등뼈 역할을 한다. 경상도가 척추뼈에 해당된다면 전라도는 아랫배가 된다. 위장과 창자를 비롯한 내장은 전라도에 있는 셈이다. 척추가 자세를 바로잡는 역할을 한다면, 위장과 창자에는 먹을 것이 들어가서 소화를 시켜줘야 한다.

수천 년간 호남은 한반도의 먹을 것을 제공하던 지역이었다. 한반도에서 물산이 가장 풍부한 지역이 바로 호남이었다. 풍수적인 관점에서 영호남을 보자면 '영골호육嶺骨湖肉'이라고 볼 수 있다. 경상도는 산이 높고 많아서 농사지을 땅은 부족하다. 이에 비해 전라도는 넓은 들판이 펼쳐져 있고, 남서 해안가를 따라서 '뻘밭'이 널려 있다. 경상도는 '뻘밭'이 적은 편이다. 뻘밭은 바다의 밭인 '해전海田'이다. 육전陸田의 농작물이 흉년 들었다 할지라도 바다의 해전海田에는 흉년이 없다. 쇠갈퀴 하나만 들고 뻘밭에 나가면 조개도 잡고, 낙지도 잡고, 짱뚱어라도 잡는다.

뻘밭에서 일하는 돌쇠를 '갯땅쇠'라고 불렀다. 뻘은 갯가의 땅이다. '갯가의 땅'을 줄이면 갯땅이 된다. 뻘밭을 끼고 있는 전라도의 해안가 사람들은 쇠갈퀴만 들고 있으면 굶어 죽지 않는다. 남해안으로 연결된 경남은 상황이 전라도와 비슷하지만, 동해안으로 연결된 경북 쪽은 바다로 멀리 나가면 망망대해 태평이다. 뻘밭도 없을뿐더러 멀리 나가기가 어렵다. 육지의 들판과 해안가의 뻘밭을 보유하면서, 중국대륙이라는 세계의 제국으로 통하는 해로를 아울러 지니고 있는 곳이 호남이다.

바다를 통한 물류의 흐름은 제국인 중국으로부터 사람과 정보가 제일 먼저 들어온다. 풍부한 물산과 첨단 정보의 종합은 호남을 혁명의 발원지로 키웠다. 절대적인 빈곤상태에서는 혁명도 못 한다. 절대 기아상태에서는 체제전복 시도가 불가능하다. 최소한의 먹을 것이 있어야만 반체제도 가능한 것이다.

개성이나 한양 같은 한반도의 중심체제에 권력이 집중되어 있었다면,

선운사 도솔암은 호남의 동요로움과 해상물류, 그리고 뻘밭, 지하로 들어간 미륵신앙이
천 년 이상 켜켜이 시루떡처럼 겹겹되어 있던 지점에 자리한다.

호남에는 물산과 물류의 기지가 집중되어 있었다. 중심부를 위협하는 대항세력의 거점은 자연히 돈이 있고, 정보와 사람이 몰려 있던 호남이 될 수밖에 없었다. 역사적으로 살펴봐도 그렇다. 지형적 차이는 기질과 행태에도 영향을 미친다. 아무래도 먹을 것이 풍부하면 심리적으로 여유가 있기 마련이고, 그 여유는 의식주 문화 전체에 나타난다. 판소리, 한정식 요리, 의상, 주택 구조, 인간관계 방식, 발효음식, 성격과 기질이란 부분에서 호남은 독특한 구조를 지니고 있는 지역이다.

—　　미륵불 배꼽에 감춰진
　　　혁명의 불씨

1894년에 일어난 동학농민혁명을 보자. 동학의 원료는 최수운崔水雲이 경주慶州에서 제조했다. 수운은 경주에서 태어나 잔뼈가 굵은 경상도 사람이다. 그런데 이 동학이 폭발한 지점은 전라도이다. 화약제조는 경상도에서 했다. 그 화약이 경상도에서 폭발하지 않고 전라도에서 대폭발했다. 물건은 경상도에서 만들었지만 마케팅은 전라도에서 이루어진 셈이다. 이러한 사실을 어떤 각도에서 해석해야 할까.

　　'왜 동학이 만들어진 경상도에서 폭발하지 않았을까?'는 품어볼 만한 의문이다. 화약이 쌓여 있더라도 이게 폭발하려면 불씨가 있어야 한다. 성냥이나 부싯돌로 불을 붙여야 하는 것이다. 인화물질이나 불쏘시개가 있어야 한다. 그 부싯돌 역할을 한 장소가 전북 고창의 선운사 도솔암의 칠송대라는 암벽에 새겨진 거대한 마애불이다. 황토 빛이 도는 바위벽에 음각과 양각을 혼합해 새긴 약 14m 크기의 마애불이다. 최근 들어서 미술사학자들이 절벽 단애斷崖에 새겨졌다고 하여 미술사적으로 마애불이라고 하지만 원래 이름은 미륵불이고, 미륵불이 맞다. 마애불은 족보가 없는 이름이다. 아마 천 년도 넘게 미륵불이라 불렸을 것이다.

전설에 의하면 백제 위덕왕이 검단 선사黔丹禪師에게 부탁해 새긴 부처님이라고 한다. 선운사는 백제시대부터 있었던 절인만큼 검단 선사가 새겼다는 전설도 전혀 근거가 없는 것은 아니다. 하여간 백제시대부터 있었던 사찰의 절벽 미륵불이 동학의 부싯돌 역할을 했다는 것은 무슨 이야기인가.

오지영의 「동학사」를 보면 도솔암의 미륵불에 숨겨진 비결秘訣을 꺼내기 위해서 손화중의 포包에 속한 접주들은 회의를 갖는다. 도솔암 미륵불의 명치 부위에 미래세상의 변화를 예언한 예언서, 즉 비결이 감추어져 있는데 이걸 꺼내는 사람이 새로운 용화세계의 주인이 된다는 전설이 있었던 것이다. 미륵불의 명치 부위는 약 15~16m에 달하는 높은 절벽의 중간쯤에 해당하는 위치다. 통상 불상 속에는 복장腹藏이라고 하여, 불상을 처음 조성할 때 다라니 경전이나 금붙이, 또는 귀중품을 불상의 배 안에 넣어두는 풍습이 있다. 바위에 새겨진 미륵불이지만 여기에도 '복장'을 넣어두었던 것이다. 처음 미륵불을 조성할 당시에 미륵불의 오목가슴 부위를 사발만 한 크기로 둥그렇게 파낸 다음, 여기에다가 비결서秘訣書를 복장 대신 집어넣었다는 이야기가 천 년 넘게 죽 전해 내려왔던 모양이다. 민초들 사이에서는 미륵불의 비결이 꺼내지면 한양이 망하고 새 세상이 시작된다는 믿음도 같이 이어져왔던 듯하다.

미륵불은 새 부처님을 뜻한다. 석가불이 죽은 부처라면 미륵불은 아직 오지 않은 미래의 부처님이었으므로, 미륵불이 출세한다는 것은 곧 낡은 세상이 끝나고 새 세상이 온다는 의미를 함축한다. 미륵불은 곧 혁명하는 부처님, 즉 '혁명불革命佛'로 인식된 것이다. 종교적인 구세주가 혁명을 부추기는 지도자가 되었다고나 할까. 아무튼 유교를 정도로 생각했던 조선시대에 불교의 미륵불은 위험한 신앙이요, 정권을 뒤흔드는 반체제의 신념체계였다. 1894년 당시 동학의 3대 지도자라고 하면 전봉준, 김개남, 손화중을 꼽을 수 있다. 해월海月의 지도를 따른 이북지역의 북접北接을 빼고 이남의 남접南接만 가지고 하는 이야기이다. 전봉준은 동학의 얼굴마담이자, 전체 전략을 이끌었던 전략가형 지도자였고, 김개남은 가장 전투적이었던 무장 대원들을 이끌었

_ 석가불이 죽은 부처라면 미륵불은 아직 오지 않은 미래의 부처님이었다. 도솔암 미륵불은 민초들의
염원을 대변하는 부처님이 되어 시대적 전환기마다 혁명적인 구세주로 변했다.

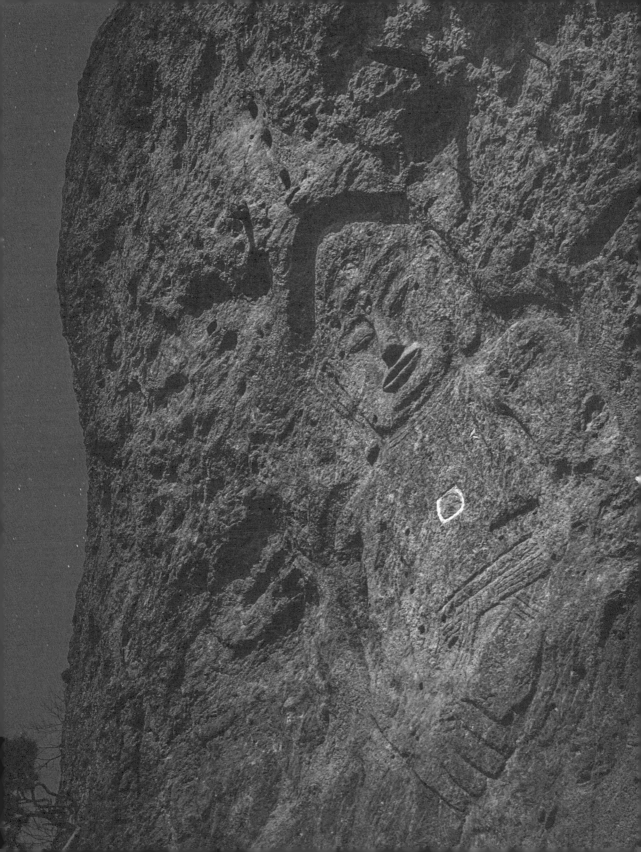

던 행동 대장형이었고, 손화중은 지역사회의 인심을 얻었던 재력가이자, 조직가적인 면모를 지니고 있었다. 혁명이 되려면 초기 단계에 인원 동원이 필요하다. 사람이 모여야 힘이 생긴다. 주변의 인망을 얻은 손화중에게 사람들이 따랐고, 손화중은 사람들을 도솔암 미륵불 아래로 집결시켰던 것이다.

─ 미륵불의 배꼽에서 발화한 동학혁명

드디어 미륵불의 배꼽에 숨겨져 있는 천고의 비밀을 연다. 이 소문이 고창, 정읍 일대를 진동시켰다. 전화도, 텔레비전도 없던 시절에 입소문으로 전해진 이 빅뉴스를 듣고 적어도 수백 명의 대중이 도솔암 미륵불 아래 모였다. 일설에는 이때 모인 인원이 3백 명쯤 되었다고 한다. 시기는 동학혁명 1년 전인 1893년 가을이었다. 신성한 미륵불의 복장을 털려고 동학도들이 모이니 선운사의 승려들은 당연히 반대했다. 신성 모독이었으니까. 그러나 동학도들은 승려들을 한 군데로 밀쳐서 새끼줄로 묶어 놓고, 청죽 수백 개와 새끼줄 수십 타래를 가지고 갔다. 이걸로 대나무 사다리를 만들어서 절벽을 올라간 다음, 거대한 미륵불의 명치(배꼽) 부위에 봉인되어 있던 석회 덩어리를 뽑아내었다. 당시에 이 비결서를 꺼내면 벼락이 친다는 속설이 있었다. 18세기에 전라감사를 지냈던 이서구李書九가 미륵불의 배꼽을 열었는데, 거기에서는 책이 한 권 나왔다고 한다. 하지만 책을 꺼내는 순간 뇌성벽력이 하늘을 찢는 소리가 났고, 혼비백산한 이서구가 다시 책을 집어넣었다는 것이다. 이때 이서구가 엉겁결에 본 것은 '全羅監司 李書九 開坼(전라감사 이서구 개탁)'이라는 글자뿐이었다고 한다.

　　그 뒤 벼락이 무서워 함부로 미륵불 배꼽을 열지 못하다가, 손화중이 천하의 난세가 다가왔음을 감지하고 다시 한 번 배꼽을 열어볼 결심을 하게 된 것이다. 손화중이 배꼽을 열고 과연 어떤 내용의 비결서를 얻었는지에 대해서는 구체적으로 알려져 있지 않다. 그러나 '손화중이 미륵불의 비결을 꺼내서 입수했다더라. 거기에는 세상이 바뀐다는 내용이 있다더라. 이제 난리가 나는 모양이다더라' 등의 소문이 호남 일대를 휩쓸었다.

　　동학도가 천지개벽의 비결을 입수했다는 소문은 전라도 사람들을 들뜨게 만들었다. 일대 사건이었던 것이다. 이 사건 이후 수개월 사이에 손화중 포에는 수만 명의 사람들이 몰려들었다. 전봉준은 앞에 내세워진 지도자였지만, 뒤에서 병참 역할을 담당하며 사람들을 얼기설기 조직하는 역량이 탁월했던 지도자는 손화중이었다. 그만큼 신망이 두터웠던 인물이다. 호남 동학의 초기 폭발은 손화중이 미륵불의 배꼽 비결을 꺼내면서부터였다고 해석하고 싶다. 이렇게 본다면 동학의 폭발은 미륵불의 배꼽 비결에서 발화되었다고 해도 과언이 아니다. 천 년 넘게 이어져온 호남 지역 미륵신앙이 도솔암 미륵불을 매개로 하여 동학으로 이어진 것이다. 절벽의 거대한 미륵불이 낳은 자식이 동학인 셈이다. 도솔암 칠송대의 미륵불은 한국 역사의 한 페이지를 장식한 부처님이다.

　　　　　　시대적 전환기마다
　　　　　땅 속에서 솟은 혁명불

미륵불과 미륵신앙은 경상도에도 많이 있는데, 왜 하필이면 전라도의 미륵불에서 혁명에 동참하는 대중들의 동원이 이루어졌을까? 거시적으로 보면 이는 신라의 미륵신앙과 백제의 미륵신앙이 같은 미륵이지만, 신앙형태는 달랐다는 점에서 기인한다. 신라는 통일 전후에 미륵이 집권층과 상류층의 신앙으로 정착되었다. 화랑을 다른 이름으로 '미륵선화彌勒仙花'라고 불렀다. 미륵이 변해 화랑이 된 것이다. 화랑은 통일전쟁의 주류였고, 신라사회의 지배계층이었다. 따라서 미륵은 신라의 지배계층을 뒷받침해주는 체제이념으로 갔다. 이에 비해 백제는 망했다. 미륵이 지하로 내려간 것이다. 핍박받는 민초들의 신앙이 된 것이다. 그래서 옛 백제, 특히 호남지역의 미륵불들은 대개 '하체매몰불下體埋沒佛'의 형태가 많다. 돌미륵이 반쯤은 땅에 묻혀 있고, 반쯤은 지상에 드러나 있는 형태의 미륵불상이 '하체매몰불'이다.

김삼룡 박사의 연구에 의하면 호남 지역에서 집중적으로 발견되는 이러한 형태의 미륵불은 땅 속에서 미륵불이 솟아 나오고 있는 상황을 상징한 것이라고 한다. 하늘에 존재하는 미륵불이 아니라 땅 속에서 힘겹게 지상으로 솟아 나오는 미륵불은 핍박받는 민초들의 심정을 대변하기에 딱 맞는 콘셉트였다. 땅은 밑바닥이고 민초를 상징하고, 힘겹게 사는 계층과 이미지가 부합된다. 그러다 보니 호남의 미륵불들은 민초들의 염원을 대변하는 부처님이 되어버렸고, 시대적 전환기가 될 때마다 혁명적인 구세주로 변한 것이다.

호남 미륵신앙의 3대 사찰을 꼽는다면 익산의 미륵사와 김제의 금산사, 그리고 고창의 선운사이다. 세 사찰의 공통점은 쌀 수확이 풍부한 곡창지대에 자리 잡고 있다는 점이다. 익산 미륵사는 함열, 강경 평야지대이고, 금산사는 김제, 만경 평야지대이다. 선운사도 역시 부안, 고부 일대의 곡창과 근접해 있다. 이 세 지역은 부속 곡창지대에 농업용수를 공급할 커다란 호수도 가지고 있었다. 호남 '3호湖'라고도 부른다. 미륵사 옆에는 주변 80리 크기의 황등제黃登堤'가 있었고, 금산사는 벽골제碧骨堤가 뒷받침을 해주고 있었고, 선운사 주변에는 제방길이 1.5km, 주변 약 16km 규모의 삼한시대 축조한 눌제訥堤가 있었다.

평야지대의 기준에서 보면 미륵사나 금산사보다 선운사가 약간 떨어지는 조건이지만 줄포만이라는 바다를 바로 옆에 끼고 있다는 점에서는 훨씬 조건이 좋았다. 줄포만은 고대 해상물류의 요충지였다. 중국과 일본으로 가는 배가 이곳에서 출발했다. 육지로 쑥 들어오는 만灣은 배가 드나들기에 좋은 조건이다. 바람이 불어도 파도가 적고, 육지의 집산물을 배로 선적하기 좋은 조건이기 때문이다. 더군다나 선박을 통한 해로는 고대의 고속도로였다.

따라서 선운사는 변산반도 일대의 물류가 집중되는 줄포만과 붙어 있다시피 해서 해상세력의 거점 사찰이었던 것으로 추정된다. 더군다나 줄포만 일대는 고대의 현금과 같은 역할을 했던 천연 염전鹽田지대이다. 염전의 기원은 백제의 검단 선사 때부터 조성되었던 것으로 전해진다. 선박을 통해서 정보와 돈이 들어오고, 염전에서 돈 들어오고, 육지의 평야지대에서 쌀 들어오던 요충지의 사찰이 바로 선운사였다.

역사적 자료는 없고, 구전으로만 전해져오는 정보에 의하면 선운사는 조선후기 반체제 비밀 결사 승려들의 조직인 당취黨聚들의 거점 사찰이기도 했다. 영광 불갑사佛甲寺 해불암海佛庵에 주석하던 금화錦華 스님이 당취 대장이었고, 당취들의 훈련도장이 바로 선운사에 있었다고 전해진다. 금화는 전봉준에게 병법을 전해준 스승이기도 하여, 동학 때에도 동학군들이 해불암은 공격하지 않고 오히려 보호했다고도 한다. 어찌되었든 선운사는 해상 교통의 요지여서 당취들이 비밀리에 모이기 쉽고, 관군의 공격이 있을 경우에는 신속하게 탈출하기에도 좋은 지점에 자리 잡고 있었다.

더 먼 미래의 누군가를 위한 염원

종합하면 고창 선운사는 호남평야의 쌀과 변산반도 일대의 해상물류가 만나는 지점에 자리 잡고 있는 미륵사찰이었다. 호남 서해안 일대의 가장 번성했던 절이 선운사였다고 보면 된다. 그리고 미륵신앙은 난세가 되면 변혁운동의 중심에 서기 좋은 사상체계였다. 한국 미륵신앙의 중흥조인 진표 율사. 그가 몸을 절벽에 두 번이나 내던지는 목숨을 건 수행 끝에 도통한 수행 터인 부사의방不思議房도 변산 마천대摩天臺 절벽 중간에 있다. 부사의방과 선운사는 직선으로는 아주 가까운 거리이다. 도솔암 미륵불은 이러한 호남의 풍요로움과 해상물류, 그리고 뻘밭, 지하로 들어간 미륵신앙이 천 년 이상 켜켜이 시루떡처럼 결집되어 있던 지점이었다. 바로 그 지점에서 동학이 최초로 폭발했으니 이는 우연이 아니다. 역사적 인과의 축적에서 이루어진 폭발이다.

풍수적으로도 선운산의 바위맥이 구불구불 갈 지之자로 내려오다가 끝에 뭉친 지점이다. 바위맥의 끝에 기운이 뭉쳐 있다. 금상첨화인 것은 바위맥의 끝지점을 주변의 산들이 병풍처럼 감싸주고 있다는 점이다. 기운이 빠지지 않도록 보호해주는 역할이다. 흐르는 계곡물도 방향이 좋다. 서출동류西出東流이다. 서쪽에서 시작해 동쪽을 향하여 흘러가는 물은 일조량을 가장 풍부하게 받는다. 산소 함류량이 많은 물은 명당수明堂水이다. 그래서 풍수가에서 가장 좋게 보는 물이 서출동류이다.

선운사 전체를 보면 멀리 외곽으로는 인촌강(또는 풍천)이 둘러싸고 있다. 인촌강은 밀물 때면 바닷물이 내륙 3~4km까지 거슬러 올라오고, 썰물이 되면 다시 바다로 빠진다. 바닷물이 들어왔다 나갔다 하면서 기운을 모아 인물을 만들어낸다. 바닷물과 민물이 만나는 강은 또한 명당이다. 그래서 옛날에는 인촌강 뻘밭 속에 향나무를 묻어 놓았다. 수백 년이 지난 후에 꺼내면 이 향나무는 나무 전체가 침향沈香이 된다. 미륵불이 출세하는 시기에 쓸 침향을 미리 저장해놓았던 것이다. 시인 서정주의 고향이 이 동네이다. 그는 인촌강에서 침향 올라오는 모습에 대해서 시를 쓰기도 했다.

침향沈香을 만들려는 이들은, 산골 물이 바다를 만나러 흘러내려 가다가 바로 따악 그 바닷물과 만나는 언저리에 굵직굵직한 참나무 토막들을 잠가 넣어둡니다. 침향은, 물론 꽤 오랜 세월이 지난 뒤에, 이 잠근 참나무 토막들을 다시 건져 말려서 빠개어 쓰는 겁니다만, 아무리 짧아도 2~3백 년은 수저水底에 가라앉아 있은 거라야 향내가 제대로 나기 비롯한다 합니다. 천 년쯤씩 잠긴 것은 냄새가 더 좋굽시요.
그러니, 질마재 사람들이 침향을 만들려고 참나무 토막들을 하나씩 하나씩 들어내다가 육수陸水와 조류潮流가 합수合水치는 속에 집어넣고 있는 것은 자기들이나 자기들 아들딸이나 손자 손녀들이 건져서 쓰려는 게 아니고, 훨씬 더 먼 미래의 누군지 눈에 보이지도 않는 후대들을 위해섭니다.

그래서 이것을 넣는 이와 꺼내 쓰는 사람 사이의 수백 수천 년은 이 침향 내음새 꼬옥 그대로 바짝 가까이 그리운 것일 뿐, 따분할 것도, 아득할 것도, 너절할 것도, 허전할 것도 없습니다. (-「침향」전문)

신라는 서방 정토에 계신 아미타 부처님을 믿었다. 백제는 나라가 망한 뒤에 미륵불을 의지하였다. 미륵이 와서 세상을 구원할 것으로 여겼다. 미륵이 언제 온단 말인가? 그 미륵불이 인간 세상에 올 때 맞이할 기념물이 있어야 한다. 그게 침향이다. 침향은 바닷가 갯벌과 민물이 만나는 지역에다 묻었다. 바닷물과 민물이 교대로 만나는 곳에서 침향이 만들어진다고 여겼다. 서정주가 태어나서 자란 지역은 바로 이 합수치는 지역이다. 어렸을 때부터 침향 이야기를 들었을 것이다. 메시아 미륵불이 오고, 그 미륵불을 맞이할 예물이 침향이다. 수백 년 후에, 아니면 천 년 후에 오실 미륵불을 위하여 미리 갯벌 속에 묻어 놓는 침향. 그 얼마나 오랜 숙원인가! 자기가 죽고 난 후에도 수백 년을 흘러야 빛을 볼 수 있는 침향을 미리 만드는 선조들의 심정은 도대체 어떤 심정인가! 서정주의 시에는 망국의 백제 유민들이 지녔던 미륵 대망의 정서가 그대로 들어 있다.

선운사 도솔암 미륵불은 이러한 명당수가 내외로 둘러싸고 있는 형국에 자리 잡고 있다. 명당에서 인물이 나고, 영험한 영발靈發이 생기고, 이 영적 기운이 축적되면 역사의 한 페이지를 담당하는 것이다.

_ 계곡물에 비친 선운사의 나무들. 서출동류, 서쪽에서 시작해 동쪽으로 흐르는 물은 일조량을 가장
풍부하게 받는 명당수이다.

_ 동학혁명의 부싯돌 역할을 한 미륵불의 배꼽. 그 속에는 미래 세상의 변화를 가져올 비결서가
들어있다는 전설이 전해진다.

고창 선운사 도솔암

_ 선운산의 바위맥이 구불구불 갈 지之자로 내려오다가 뭉친 지점에 자리한 도솔암.
주변의 산들이 병풍처럼 감싸주어 금상첨화이다.

높은 곳에
올라야
전체가 보이고
큰 생각이
태어난다

<u>6</u>

에너지 응집된 수양도량

대구 비슬산
대견사

경상도 사람들의 기질을 가리켜 '태산교악泰山喬嶽'이라 표현한다. '태산처럼 떡 버티는, 또는 큰 산처럼 무뚝뚝한' 성격이 많다는 것이다. 여기서 말하는 태산과 교악은 어디인가? 경상도에 높은 산이 많지만 대구를 둘러싸고 있는 팔공산八公山과 비슬산琵瑟山이 아닌가 싶다. 두 산 모두 1,000m가 넘는다. 250만 명이 사는 대도시를 1,000m급의 고봉이 둘러싸고 있는 형국인데, 내가 세계의 여러 대도시를 둘러보았지만 대구와 같은 산세는 없다. 대구는 '산악도시'라고 보아야 한다.

한국에서 산 기운을 가장 직접적으로 강하게 받는 도시가 대구이다. 큰 산이 옆에 있으면 간肝도 크기 마련이다. 그래서 그런지 대구사람들과 술을 마셔 보면 간 큰 남자가 많다. 이 산악도시의 북쪽에 팔공산이 있고, 남쪽에 비슬산이 있다.

팔공산은 바위가 험하게 돌출되어 있어서 양기가 강해 남자에 비유할 수 있다. 비슬산은 팔공산에 비해 상대적으로 부드러워 여자에 비유할 수 있다. 대구의 아버지 산이 팔공산이라면 비슬산은 어머니 산이라고 하면 될까. 자식들 입장에서는 아버지보다 어머니가 더 중요하다. 젖을 주고 밥을 먹여주고 기저귀를 갈아주기 때문이다. 풍수의 좌향론坐向論에서 보아도 남쪽이 더 중요하다. 인군남면人君南面인 것이다. 임금은 남쪽을 향해서 앉아 있어야 한다고 생각해 왔다. 남쪽이 따뜻하지 않은가. 대구 사람들이 '앞산'이라고 부르는 산도 비슬산 자락에 해당한다. 아침에 일어나 쳐다보는 산이 앞산이고, 이 앞산이 비슬산이다.

일연이 35년 머물며
『삼국유사』의 뼈대를 완성하다

비슬산 정상은 1,084m인데, 정상 아래쪽의 위치인 1,000m 높이에 자리 잡은 절터가 바로 대견사지大見寺址다. 고려시대에는 보당암寶幢庵이라 불렸고, 조

_ 일연이 승려가 되어 처음으로 부임한 보당암, 지금의 대견사다. 그는 이곳에서 22년 머문 것으로 알려진다. 필생의 저술인『삼국유사』의 뼈대는 이때 구상된 것이 아닐까.

선시대에는 대견사로 이름이 바뀌었다. 일제강점기인 1917년에 총독부에 의해 강제로 폐사되었다고 한다. 왜 일제가 강제 폐사를 시켰을까 의문이다. 현재는 폐사지로 남아 있지만, 2012년말부터 달성군과 교구본사인 동화사桐華寺가 협력해 절을 복원하는 공사가 진행되고 있다.

나는 이 대견사 터를 15년 전 무렵부터 여러 번 답사한 적이 있다. 첫째는 절터의 바위에 새겨진 '유가심인도瑜伽心印圖'를 보기 위해서였다. 암벽에 여러 겹의 둥그런 환環이 가슴과 허리 부분에 새겨져 있는 희한한 모양이다. 아마도 인체 내부의 차크라(chakra, 산스크리트어로 원 또는 바퀴: 에너지 중심을 의미) 모습을 표현한 듯하다. 참선과 호흡이 잘 되면 몸의 경락이 열리고, 이 열린 경락의 모습을 바위에 새겨놓은 것이다.

인도의 요가에서는 이를 '차크라'라는 말로 표현하는데, 산 중턱에 있는 유가사瑜伽寺가 원래 고려시대 유가종瑜伽宗의 본산이었다는 사실과 관련이 깊은 듯하다. '유가瑜伽'는 인도의 '요가yoga'를 한문으로 음사한 표현이다. 따라서 유가사는 고려시대 요가 수행을 하던 요가행자들의 본산이었고, 요가 수행의 결과로 인체 내의 7개 차크라가 열린 모양을 비슬산 정상 부근의 대견사지 바위 암벽에 새겨놓은 것이 아닌가 싶다. 이렇게 놓고 본다면 대견사지는 고려시대 스님들 가운데 요가수행의 고단자들이 머물렀다는 추론도 가능하다. '유가심인도'가 바로 그 증거이다.

대견사지가 지니는 또 하나의 중요한 의미는 고려의 일연一然 스님과의 인연이다. 일연은 아홉 살 때 출가해 스물두 살 되던 해인 1227년 승과僧科에 수석으로 합격했다. 고려시대에 승과는 요즘의 행정고시, 사법고시처럼 고시의 하나였다. 고시에 장원급제한 일연이 초임지로 발령받은 절이 바로 비슬산 정상의 보당암이었다. 지금의 대견사지가 고려시대 보당암이었으니, 스물두 살의 팔팔한 수재였던 일연이 대견사로 부임한 것이다.

비슬산 일대는 일연이 자신의 인생에서 총 35년간 머물렀던 산이다. 일연은 비슬산 사람이었다고 볼 수 있다. 그중에서도 대견사는 승과 급제 초임발령지였으므로 특히 의미가 깊다. 일연은 대견사에서 상당기간 머물렀던 것으로 추정되는데, 22년간 머물렀다는 설도 전해진다. 따라서 일연이 남긴 필생의 저술인『삼국유사』의 뼈대는 대견사 시절에 구상된 것으로 봐야 한다. '영천(경북)의 4재才' 가운데 마지막 생존자이자, 『삼국유사』의 원문 토씨 하나까지도 오류를 밝혀낼 만큼 삼국유사에 정통한 문경현(前 경북대 교수) 선생은 '유사遺事는 비슬산에서 잉태하여 운문사雲門寺에서 낳았다'고 주장한다.

일연은 『삼국유사』「포산이성조苞山二聖條」에서 '내 일찍 포산(包山: 비슬산)에 살 때 두 스님의 아름다운 자취를 기록하여 써 두었기에 지금 아울러 지술한다'고 언급한 바 있다. 나는 한국인의 정체성, 즉 원형심성(原型心性, Archetype)이 무엇인가를 말해 주는 책이 『삼국유사』라고 생각한다. 『삼국유사』는 하루아침에 쓸 수 있는 책이 아니다. 수십 년간 자료를 모으고, 이야기를 채취하고, 현장을 답사하고, 조직적으로 스토리를 구성하는 힘이 있어야 쓸 수 있는 책이다. 그 골격이 비슬산 1,000m 높이에 자리 잡은 대견사에서 이루어졌다. 대견사는 우리가 기억해야 할 영지인 셈이다.

대견사는 산 정상 부근인데도 불구하고 평평한 지형이다. 터 뒤로는 바위들이 병풍처럼 감싸고 있고, 바닥도 비교적 평탄하다. 터의 면적은 8백여 평 정도 된다. 돌탑이 서 있는 자리에서 왼쪽 밑을 바라보면 돌로 쌓은 축대가 보인다. 이 축대가 명물이다. 지금부터 1,200년 전인 신라시대 헌덕왕 무렵에 이 절이 처음 창건되었으므로 그 당시에 쌓은 것으로 본다면, 1,200년 역사를 지닌 축대이다.

신라시대의 축대가 원형 그대로 보존되어 있는 것이다. 남미의 잉카제국 축대나, 일본의 오사카성 축대를 보면 매우 정교하게 돌 사이가 맞추어져 있다. 그러나 신라 축대는 돌과 돌의 배치가 불규칙해서 엉성한 것처럼 보인다. 작은 돌, 큰 돌을 삐뚤삐뚤 배치한 형태이다. 그 돌 틈 사이사이를 작은 돌로 메워 놓았다. 그러나 튼튼하다. 엉성한 것 같으면서도 살펴보면 튼튼하고 안정감이 있는 축대가 대견사 축대이다. 한국식 축대의 원형을 살펴볼 수 있는 의미 깊은 유물이기도 하다. 원래는 터가 좁았을 것이지만, 이 축대를 쌓음으로써 바닥의 터가 넓어진 것 같다.

—   명산의 정상에는
      반드시 물이 있다

인체의 경락도經絡圖에 해당하는 '유가심인도'가 새겨진 바위 뒤에는 조그만 동굴이 있다. 사람 서너 명 앉을 수 있는 공간이다. 천장의 바위틈으로는 가느다란 빛이 들어온다. 이런 공간을 원래는 '동천洞天'이라 부른다. 천연 동굴이면서 천장을 통해 약간의 빛이 들어오는 곳을 동천이라고 해서 고대의 도사들이나 승려들이 선호했던 지형이다. 따로 집을 짓지 않고도 자연스럽게 수행할 수 있는 공간이기 때문이다. 아마 대견사도 절이 들어서기 전에는 이 동굴에서 도인들이 도를 닦았을 것이다. 그러다가 공부터로 좋다는 소문이 나니까 810년에 절이 자리 잡게 되었을 것이다.

　　　도를 닦으려면 그 터가 갖추어야 할 또 하나의 조건이 바로 물이다. 물은 매일 먹는다. 물이 없으면 공부 못 한다. 대견사는 1,000m의 높이인데도

자연에서 채우는 영적 에너지 3

높은 곳에 오르다 _ 사상은 높은 곳에서 잉태된다. 고소高所도 여러 가지이다. 신분의 고소도 있고, 재물의 고소도 있고, 높이의 고소도 있다. 높은 곳에 올라가야 전체를 내려다볼 수 있는 전망을 획득한다. 부분을 보면 통찰이 안 나온다. 전체를 한눈에 내려다볼 때 통찰이 나온다. 통찰이라는 것은 전체의 유기적 관계망을 알아차린다는 의미도 있고, 복잡한 것을 단순화시켜 본다는 의미도 내포되어 있다. 이것저것이 따로 노는 것인 줄 알았는데, 알고 보니 '쓰리 쿠션'으로 전부 연결되어 있다는 사실을 아는 것이 통찰이다. 복잡하면 이것저것 널려 있어서 핵심 간추리기가 어렵다. 그런데 단순화시켜서 보니까 뼈대만 간추려진다. 뼈대만 파악하는 것, 이것이 통찰이다. 피눈물 나는 고생을 해서 고소에 올라가야 내공이 쌓이듯이, 높은 장소에 올라가면 인간세상이 내려다보인다. 전체가 유기적으로 이해되면서, 동시에 뼈대만 간추려지도록 높은 장소가 도움을 준다.

불구하고 바닥의 바위틈에서 물이 솟아난다. 희한한 일이다. 산꼭대기에서 물이 솟아나니까 사람이 살 수 있다. 이와 유사한 예를 들어보면 고구려의 첫 도읍지가 졸본성인데, 졸본성은 현재 중국 요녕성의 오녀산성五女山城이다. 오녀산 정상 부근에 자리 잡은 산성이다. 산꼭대기에 산성을 만들 수 있었던 결정적인 이유는 연못이다. 여러 사람이 먹을 수 있는 물이 나오기 때문에 험한 요새 지역에 성을 쌓을 수 있었다.

우리 민족은 산 정상 부근에 물이 나오면 그 산을 성산으로 여겼다. 백두산 천지天池가 대표적인 예이다. 한라산의 백록담도 그렇다. 낙동강의 발원지이기도 한 태백산의 황지黃池도 이 범주에 들어간다. 황지가 산꼭대기에 있는 연못은 아니지만 해발 1,000m에 가까운 고지대에 자리 잡고 있다. 우리 민족은 정상 부근에 연못이 있는 산을 숭배해 왔고, 수도로 삼았다.

역사적으로 고찰해 보면 한민족의 이동과정에서 백두산이 5군데 있었다고 전해진다. 첫번째 백두산은 중앙아시아 키르기스스탄에 있는 천산天山이다. 2000년에 한 번 가본 적이 있다. 해발 1,800m 지점쯤에 이시쿨 호수라는 거대한 호수가 있다. 이시쿨 호수가 우리 민족이 제일 먼저 수도로 삼았던 장소라는 설이 있다. 이시쿨 호수 옆에 신시神市가 열렸다는 것이다.

두번째 백두산이 중국 서안 옆에 있는 태백산太白山이다. 강원도 태백산과 이름이 같다. 3,000m가 넘는 태백산 정상에도 조그마한 호수가 있다. 이시쿨 호수에서 이동해서 그 다음 하늘에 제사를 올리는 백두산이 바로 여기였다. 세번째 백두산이 중국 산둥山東의 태산泰山이고, 네번째가 현재의 백두산이고, 다섯 번째가 강원도 태백산이다. 아직 산둥의 태산을 올라가 보지 못했는데, 정상 부근에 조그만 연못이나 아니면 유서 깊은 우물이 있는지 궁금하다. 연못이나 우물이 있어야 태산이 백두산이 되는 것이다. 이처럼 산꼭대기에 물이 있으면 『주역』에서 수화기제水火旣濟 격이라고 부른다. 머리는 물이고, 아랫배는 불이다. 수화기제가 되어야만 몸도 건강해진다.

피눈물 나는 고생으로 높은 곳에 올라
비로소 통찰을 얻다

대견사는 고소高所에 자리한다. 사상은 높은 곳에서 잉태된다. 고소도 여러 가지이다. 신분의 고소도 있고, 재물의 고소도 있고, 높이의 고소도 있다. 높은 곳에 올라가야 전체를 내려다볼 수 있는 전망을 획득한다. 부분을 보면 통찰이 안 나온다. 전체를 한눈에 내려다볼 때 통찰이 나온다. 통찰이라는 것은 전체의 유기적 관계망을 알아차린다는 의미도 있고, 복잡한 것을 단순화시켜 본다는 의미도 내포되어 있다. 이것저것이 따로 노는 것인 줄 알았는데, 알고 보니 '쓰리 쿠션'으로 전부 연결되어 있다는 사실을 아는 것이 통찰이다. 복잡하면 이것저것 널려 있어서 핵심 간추리기가 어렵다. 그런데 단순화시켜서 보니까 뼈대만 간추려진다. 뼈대만 파악하는 것, 이것이 통찰이다. 통찰에서 사상思想이 태어난다.

　　아무나 사상가가 되는 게 아니다. 피눈물 나는 고생을 해서 고소에 올라가야 내공이 쌓이듯이, 높은 장소에 올라가면 인간세상이 내려다보인다. 전체가 유기적으로 이해되면서, 동시에 뼈대만 간추려지도록 높은 장소가 도움을 준다. 대견사는 바로 이러한 '고소의 사상'을 잉태하는 장소이다. 그만큼 시원하다.

　　일연이 『삼국유사』의 전체적인 체제와 핵심 뼈대를 구상하는 데에는 더할 나위 없는 지형적 조건을 갖추었다. 대견사는 남서향의 전망을 가지고 있는데, 왼쪽으로 조화봉과 정면에는 관기봉이 보인다. 관기봉은 도성암道成庵 쪽에서 바라보면 필봉으로 보이는데, 도성암 반대편인 대견사에서도 영험한 기운을 지닌 형상으로 보인다. 대견사 우측으로는 멀리 낙동강이 감아 돌면서 흘러가는 모습이 보인다. 겨울에 석양이 낙동강 너머로 넘어가는 모습이 장관이라고 한다. 삼복더위인 여름에도 좋다. 대구 시내와는 7~8℃의 온도차가 나기 때문에 삼복에도 덥지 않다. 대구는 겨울보다 여름의 더위가 문제이다. 대견사에 있으면 더위 걱정은 하지 않아도 된다.

마지막으로 왜 일본이 1917년에 대견사를 강제로 폐사시켰을까 하는 의문이다. 일본도 불교를 믿는다. 어지간한 절은 일본인도 공경한다. 대구의 원로들 이야기에 의하면 풍수도참風水圖讖과 관련이 있다. 비슬산 정상 부근인 대견사는 일본의 대마도對馬島 쪽을 바라보고 있다고 한다. 그래서 대견사가 대마도를 누르고 있다는 설이 전해진다. 그래서 폐사시켰다는 것이다. 흥미 있는 풍수설이다. 지리산 실상사에도 이와 비슷한 설화가 전해진다. 실상사 터가 일본을 누르는 터이고, 실상사 종鐘의 문양에는 일본열도가 그려져 있어서 종을 때릴 때마다 일본을 때리는 의미가 내포되어 있다고 한다. 대견사도 마찬가지라는 것이다.

또 하나의 풍수도참설은 비파琵琶 설이다. 비슬산이 이름처럼 정상 부근의 바위 배치가 비파 모양처럼 되어 있는데, 대견사를 원래대로 복원해 놓으면 비파의 '비파줄'을 세우는 형국이 된다는 것이다. 비파는 있는데 비파줄이 없어서 소리를 못 냈다는 말이다. 대견사를 복원하면 끊어진 비파줄을 복원하는 이치가 되기 때문에 비파소리가 울리게 된다. 비파소리가 대구 시내에 울려 퍼지면 대구에 상서로운 일이 많아질 수 있다는 풍수도참설이 있다. 신화적인 믿음이기는 하지만 결코 기분 나쁜 믿음은 아니다. 과학만 가지고 살면 삶이 너무 건조해진다. 이런 신화도 있으면 스토리텔링이 된다. 비파소리가 울리도록 하루빨리 대견사 복원이 이루어졌으면 좋겠다.

_____ 이 글을 쓴 시기는 2012년 7월이다. 대견사는 2014년 3월 복원되었다.

_ 비슬산에는 신비하고 아름다운 바위들이 많이 널려 있다.　_ 원래 9층이었던 탑을 도굴꾼이 무너뜨렸다는 대견사 3층석탑.
사진은 참선바위.

_ 참선과 호흡이 잘 되면 몸의 경락이 열리는데 이 모습을
바위에 새겨놓은 것으로 추정되는 유가심인도.

_ '유가심인도' 바위 뒤의 조그만 동굴. 수행자들이
좋아하는 아늑한 공부터이다.

대구 비슬산 대견사

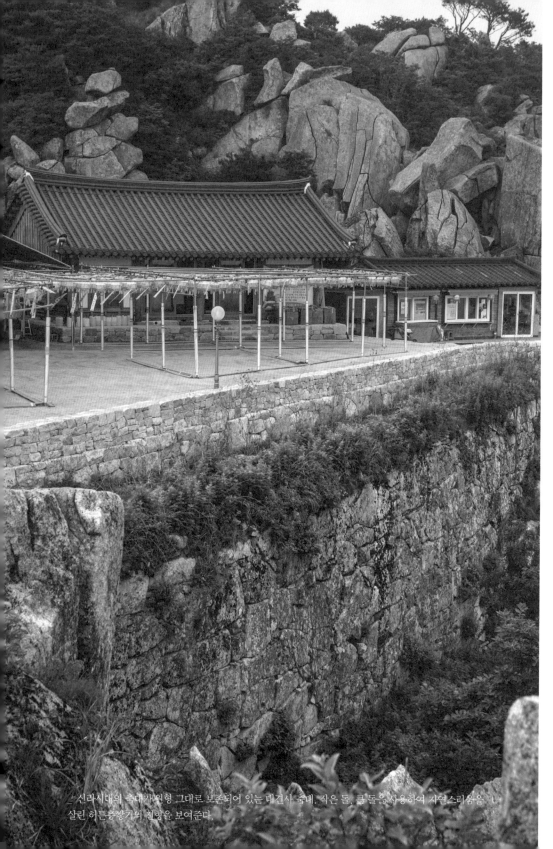

대구 비슬산 대견사

신라시대의 축대가 원형 그대로 보존되어 있는 대견사 축대. 작은 돌, 큰 돌을 사용하여 자연스러움을
살린 허튼층쌓기의 전형을 보여준다.

_ 일연이 『삼국유사』를 구상하며 내려다보았을 하늘과 땅.

대구 비슬산 대견사

강물의 달이
가슴에 들어와
삶을 비추다

7

기운 뭉치고 기운 감싸는 승경勝景 터
괴산
환벽정 環碧亭

중국의 춘추전국시대에 활약한 제자백가諸子百家 가운데 산을 가장 좋아한 문파는 도가道家이다. 법가, 소설가, 종횡가, 음양가 등의 문파들은 그렇게 산을 좋아하지는 않은 것 같다. 이들은 도시를 좋아하고 문명을 좋아했다. 그러나 도가는 달랐다. 주로 산에서 밥 먹고, 집 지어놓고 놀았다. 산에서 생각을 다듬고, 산에서 사상을 만들어 냈고, 세상과 일정한 거리를 두었다. '경물중생輕物重生'의 인생관을 가졌다. '돈과 권력 좇는다고 건강, 시간, 목숨까지 바치는 삶보다는 유유자적하면서 내 인생을 평화롭게 사는 것이 훨씬 중요하다'는 인생관이 경물중생의 인생관이다. 도가는 '산팔자山八字'였던 것이다.

한자문화권의 이름 높은 도관(道觀, 도교의 사원, 불교사찰과 비슷하다)들은 한결같이 풍광이 기가 막힐 정도로 아름다운 곳에 자리한다. 한국의 경우는 무슨 무슨 '동천洞天'이라는 지명이 있는 곳들이 도가에서 연유된 이름들이다. 중국은 10대 동천, 36소동천小洞天, 72복지福地가 있다. 모두 저녁노을과 운무가 끼어 있는 풍광 좋은 명산에 자리 잡은 명당들이다. 인간이 가지고 있는 욕망에는 사회적 욕구와 자연적 욕구가 있다. 도가는 사회적 욕구를 포기하고, 자연과 가까이하고, 자연 속에서 만족을 얻는 자연적 욕구를 충족시키는 삶을 살았다. 어차피 사회적 욕구와 자연적 욕구, 두 가지를 모두 충족시키는 삶은 불가능하다고 본다. 선택해야 한다. 그렇다면 자연을 택하겠다는 결단의 소유자들이 바로 도가였던 셈이다. 천하의 명산대천은 도가의 소유였다고 해도 과언이 아니다.

나 역시 장성의 축령산 자락에 지은 '휴휴산방休休山房'에서 살아보니, 밤 문화를 알게 되었다. 낮보다는 밤에 뜨는 달이 좋아졌다. 음력 14, 15, 16일은 둥근 달이 뜬다. 밤에 산속에 앉아서 앞산 위로 떠오르는 달을 본다는 것은 행복이다. 행복이 별 게 아니다. 산에서 보름달 보는 것이 행복이다.

보름달을 보면 왜 이렇게 마음이 충만해지고 포근해지는지 곰곰 생각해보니 몇 가지로 정리된다. 우선 달을 보면 '해놓은 것도 없이, 놀아보지도 못하고 어느덧 나이만 먹게 되었다'는 허무감이 줄어든다. '아니다. 그래도 인생 살아볼 만한 것이다'는 느낌이 들어온다. 중년의 허무감, 이를 그냥 놔두면 우울증으로 가기 쉽다. 밤에 동산 위에 천천히 떠오르는 보름달을 보라. 그만한 치유도 없다. 보름달이 주는 환한 불빛은 따듯하다. 좋다. 낮에 뜨는 태양은 눈이 부셔서 바라볼 수 없지만, 달이 주는 은은한 밝음은 그대로 가슴속에 들어온다. 달빛은 돌아오지 않는 세월을 무이자로(?) 보상해 준다. 그래서 우리 조상들도 중년이 되면 달을 숭배했다. 나이가 들어야만 달을 알 수 있다. 농월정弄月亭, 요월정邀月亭, 해월정海月亭의 정자 이름이 그걸 말해 준다. 모두 달을 보는 포인트들이다. 달을 보면 낮 무대가 끝나니까 밤무대가 시작되는구나 하는 철리哲理를 어렴풋이 느낀다.

이 세상에 왔으면
한 번은 맛보고 가야 한다

충북 괴산에 있는 '환벽정環碧亭'은 달을 보기에는 더할 나위 없는 조건을 갖춘 명소이다. 환벽정은 2011년에 괴산군수가 독지가의 도움을 받아 새로 지은 정자이다. 정자에 올라 보면 그 위치가 볼수록 기가 막히다. 정자 주변을 괴산호槐山湖가 둘러싸고 있다. 괴산호의 물이 정자를 둘러싸고 있는 각도가 180도가 넘는다. 족히 250도 정도 된다. 정자를 거의 푸른 물의 호수가 둘러싸고 있는 셈이다. 내가 푸를 '벽碧' 자를 써서 환벽정이라고 이름 지었다. 푸름이 주변을 둘러싸고 있는 정자라는 의미이다. 둘러쌌다는 것은 정자에 앉아 있는 주인공이 푸름 속에 파묻혀 있다는 말이다. 대자연의 색은 어떤 색인가, 바로 푸른색이다. 블루Blue가 아니다. 연두색보다는 진하고, 녹색보다는 약간 연한 색이 벽색碧色이다.

색色도 중요하다. 색도 여러 가지가 있지만, 푸름은 대자연의 생명력과 싱싱함, 그리고 평화를 상징하는 색이다. 도가는 푸른색을 선호했다. 청자빛이라는 게 원래 신선들이 지향하는 선계仙界의 색을 나타낸 것이다. 환벽정에 앉아 있으면 호수의 물도 푸르고 주변을 둘러싼 산들도 푸르다. 온통 푸르다. 거기에 금상첨화인 것이 보름밤에 달이 뜨면 그 달이 괴산호수의 물에 비친다는 점이다. 달은 물속에 비칠 때 진가를 발휘한다. 산 위로 떠오른 달이 1단계라면, 2단계는 달이 잔잔한 물속에 들어갈 때다.

물도 여러 가지다. 바닷물, 강물, 호수의 물이 있다. 바다에 비추는 해월은 부산의 동백섬에서 본 적이 있다. 붉은 기운을 띤 커다란 보름달이 동백섬 건너편 달맞이 고개 쪽의 바다에서 올라오는 장면을 목격했다. 시간이 멎어버린 듯한 태고의 풍경이라는 생각이 들었다. 장엄한 광경은 시간이 정지한 정적 같은 느낌을 준다. 그런 점에서 바닷물에 뜨는 달은 스케일이 가장 크다.

그 다음에는 강물이다. 중국 양자강을 여행하다가, 강변의 찻집에서 보름달을 보았다. 강물에 비추는 달은 인간의 역사와 사연을 담고 있다. 순탄하면서도 서정적인 달이 아니라, 풍파와 흥망성쇠를 모두 담고 흘러가는 강물과 궁합이 맞는 달인 것이다.

가장 서정적이면서 인간 내면을 비추는 달은 바로 호수의 달이다. 호수의 달은 바다의 달과 강물의 달과 다른 고요함이 있다. 치유는 고요함에서 온다. 고요할 수 있느냐가 심리적 안정감의 기본인데, 자연이 주는 안정감을 가장 직접적으로 느낄 수 있는 광경이 호수에 비치는 달을 바라보는 것이다. 깊은 고요함을 맛본다. 그리고 그 고요함 속에서 『월인천강지곡月印千江之曲』에 내포되어 있는 숨은 의미를 감지한다. 우리나라 역대 곡曲 가운데 최고의 곡이 '월인천강지곡'이다. 하나의 달이 천 개의 강에 동시에 비추는 모습을 보며 우주의 진리를 깨닫는 것이다. 달을 보면서 인간은 깨닫는다. '하나는 전체이고 전체는 하나'라는 일즉다一卽多와 다즉일多卽一의 이치를. 그리고 자연과 내가 하나가 되는 물아일체物我一體가 과연 무엇인지를 어슴푸레 맛볼 수 있다. 이 세상에 왔으면 이러한 이치들을 한 번 맛보고 가야 하지 않겠는가. 그런 이치를 맛볼 수 있는 공간이 괴산의 환벽정이다. 그렇다면 이 환벽정은 영지靈地임에 틀림없다.

조선 후기 300년을 거의 집권했던 노론은 명산대천을 찾아서
호연지기浩然之氣를 길러야 한다고 생각했다. 이를 실천하기 위해서
깊은 산 속의 계곡 일부를 구곡으로 조성해 놓고, 이 구곡에서
기운도 받고, 인생의 시름도 달랬다. 천지자연과 하나 되는
인생관을 구축한 것이다.

_ 옛날 연천대에서 놀던 우리 조상들도 달을 보며 같은 감회를 품지 않았을까. 500년 전 조상들과 같은
장소에서 같은 전망을 보면서 서로 교감할 수 있는 분야가 바로 풍수이다.

중년이 되면 어지간한 경치 좋은 곳은 다 가 본다. 경치 좋다는 선에서 끝나면 무엇인가 아쉽다. 거기에서 어떤 삶의 깨달음을 얻어야 깊은 여행이 된다.

바위 절벽 위에서
500년 전 선인과 교감하다

환벽정은 바위 절벽 위에 있다. 기운이 뭉쳐 있는 곳임을 한눈에 알 수 있다. 큰 바위가 놓여 있고, 이러한 바위들이 반도처럼 약간 돌출되어 있으면 풍수적으로 기운이 뭉쳐 있다고 판단한다. 원래 이 자리는 '연천대鳶天臺'라는 자리였다. 하늘에 연鳶을 날리는 자리라는 의미다. 앞으로 보이는 산봉우리들의 모습도 아름답다. 환벽정 좌측으로는 군자산君子山이 자리 잡고 있다. 멀리서 군자산을 바라보면 삼각형 모양의 문필봉文筆峰으로 보인다. 그 지역에 문필봉이 포진하고 있어야만, 인재가 나온다. 인재는 덕이 높은 학자를 가리킨다. 학자가 나와야 인물이 나온 것이다. 돈이야 있다가도 없고, 없다가도 있지만, 한 번 학자가 나오면 수백 년간 그 명성이 전해진다. 퇴계나 율곡은 그 이름이 5백 년간 이어지고 있다. 군자산은 학식 높은 군자가 나올 법한 모양을 지니고 있다.

환벽정의 정면 앞으로는 병풍처럼 여러 개의 자그마한 봉우리가 일렬로 포진해 있다. 옥녀봉玉女峰이라는 봉우리다. 이 옥녀봉이 좋다. 환벽정의 정면을 적당한 높이로 막아주는 안산案山 역할을 하기 때문이다. 앞에 막아주는 안산이 존재해야만 기운이 밖으로 빠지지 않고 그 터를 감싸게 된다. 옥녀봉은 적당한 높이다. 너무 높지도 않고 낮지도 않다. 정자에 섰을 때 가슴에서 눈높이 정도의 높이가 가장 이상적이다. 옥녀봉의 전체 모습도 궁궐에 걸려 있는 일월오봉도日月五峰圖에 나오는 형태와 비슷하다. 해와 달이 있고, 수화목금토의 다섯 개 봉우리를 압축시켜 그린 그림이 일월오봉도인데, 천지의 모습을 상징적으로 표현한 그림이다. 옥녀봉은 일월오봉도의 '오봉' 형태를 연상시킨다. 이 풍광이 참으로 좋다. 옛날 연천대에서 놀던 우리 조상들도 이 옥녀봉을 바라보고 틀림없이 나와 같은 감회를 품지 않았을까. 500년 전 조상들과 같은 장소에서 같은 전망을 보면서 서로 교감할 수 있는 분야가 바로 풍수이다.

환벽정을 지은 괴산 군수에게 연천대 터에 대해 어떤 예지몽이 없었느냐고 물었더니, 특별한 꿈을 꾸었다고 한다. 괴산호를 도는 '산막이길'을 완성하고 보니, 연천대 지점에 정자를 하나 지었으면 좋겠다는 생각을 하게 되었다. 마침내 공사착공을 결심할 무렵에 꿈을 꾸었는데, 머리가 하얀 노인들이 서너 명 나타나 "이 놈아 여기는 우리가 노는 놀이터인데, 네가 꼭 정자를 지어서 방해하려고 하느냐?"고 나무라기에, "여기에 정자를 지어야 군민들 먹고 사는 데 도움이 될 것 같습니다"고 대답하면서 꿈이 깨었다고 한다.

연천대 자리는 과거 여러 대감들이나 도인들이 경치를 감상하고 바둑도 두며 풍류를 즐기던 자리였던 것이다. 그런 자리에 정자를 지어 훼손하려 하니, 공사 책임자인 군수 꿈에 나타난 것은 아닐까. 하지만 정자를 지은 목적이 사적인 이익을 위해서였다면 군수가 혼이 나겠지만, 공적인 목적이라면 면책사유가 된다. 영지에 함부로 공사를 해서 혼쭐난 사례도 여러 번 보았지만, 괴산군수처럼 군민 먹여 살리려고 지었다는데 조상 혼령들도 어떻게 하겠는가! 명분이 중요하다. 명분이 있으면 신명계神明界도 봐주는 것이다.

화양구곡, 한 발 물러나
마음의 때를 씻고 쉬어가다

환벽정이 들어선 일대의 계곡은 조선시대에도 알아주던 승경勝景이었다. 연천대 일대는 조선시대 '연하구곡煙霞九曲'이 있던 자리다. 1957년에 댐이 들어서면서 계곡을 막아 괴산호가 되었지만, 원래 호수 입구인 괴산군 칠성면에서부터 상류인 청천면 화양리에 이르는 30리 길이의 계곡은 조선시대에 여러 개의 구곡九曲이 집중적으로 자리 잡고 있었을 만큼 빼어난 경치를 지니고 있었다. 갈은구곡葛隱九曲, 고산구곡孤山九曲, 쌍계구곡雙溪九曲, 선유구곡仙遊九曲, 연하구곡煙霞九曲, 풍계구곡豐溪九曲, 그리고 우암 송시열이 정치적 풍파를 겪을 때마다 한발 물러나 마음의 때를 씻고 휴식을 취했던 화양구곡華陽九曲이 그것이다.

'구곡'은 조선선비의 유토피아였다. 세상사와 뜻이 안 맞아 상처를 받으면 심산유곡에 있는 구곡으로 들어와 마음의 평화를 얻었다. 재미있는 부분은 구곡문화가 주로 조선시대 당파 중에서 기호학파畿湖學派인 노론老論들 사이에서 전승되어온 문화라는 점이다. 노론의 영수였던 송시열이 환벽정 상류에 화양구곡을 조성해놓고, 그 바위절벽 위에 암서재巖棲齋라는 수양공간을 지어놓은 것도 이러한 맥락이다. 영남학파의 남인들에게서는 발견하기 힘든 부분이 구곡문화이다.

조선 후기 300년을 거의 집권했던 노론은 명산대천을 찾아서 호연지기浩然之氣를 길러야 한다고 생각했다. 이를 실천하기 위해서는 깊은 산 속의 계곡 일부를 구곡으로 조성해놓고, 이 구곡에서 기운도 받고, 인생의 시름도 달

자연에서 채우는 영적 에너지 4

달을 바라보다 _ 밤에 산속에 앉아서 앞산 위로 떠오르는 달을 본다는 것은 행복이다. 행복이 별 게 아니다. 산에서 보름달 보는 것이 행복이다. 보름달을 보면 왜 이렇게 마음이 충만해지고 포근해지는지 곰곰 생각해 보니 몇 가지로 정리된다. 우선 달을 보면 '해놓은 것도 없이, 놀아 보지도 못하고 어느덧 나이만 먹게 되었다'는 허무감이 줄어든다. '아니다. 그래도 인생 살아볼 만한 것이다'는 느낌이 들어온다. 밤에 동산 위에 천천히 떠오르는 보름달을 보라. 보름달이 주는 불빛은 따뜻하다. 좋다. 낮에 뜨는 태양은 눈이 부셔서 바라볼 수 없지만, 달이 주는 은은한 밝음은 그대로 가슴속에 들어온다. 이 달빛이 돌아오지 않는 세월을 무이자로(?) 보상해 준다. 그래서 우리 조상들도 중년이 되면 달을 숭배했다. 나이가 들어야만 달을 알 수 있다. 달을 보면 낮 무대가 끝나니까 밤무대가 시작되는구나 하는 철리哲理를 어렴풋이 느낀다.

래고, 천지자연과 하나 되는 인생관을 구축한 것이다. 영남학파의 남인들은 정권에서 소외되어 있었으므로 이처럼 스케일 큰 구곡을 조성할 여력이 없었다. 일상생활에서 실용을 추구하자는 것이 남인들의 인생관이었다면, 노론은 명산대천을 유람하면서 호연지기를 기르는 데에 중점을 두었다. 구곡은 노론의 취향을 대표적으로 보여주는 문화유적이다. 괴산의 칠성면과 화양면 일대의 계곡은 조선 노론의 구곡문화를 집중적으로 보여주는 유적지이기도 하다.

지난 달 보름달이 뜨는 밤에는 전통춤의 명인과 색소폰 연주가, 노래 잘 부르는 가객歌客들과 함께 환벽정에서 달을 보며 자정까지 놀았다. 태양보다 달이 더 좋아진다는 것은 나이를 먹는다는 증거다. 소음이 하나도 들리지 않는 고요한 산속 정자에 앉아, 호수에 비치는 보름달을 보니, '죽지 않고 살아 있다는 것이 축복'이라는 생각이 들었다

_ 환벽정에 뜬 달. 가장 서정적이면서 인간 내면을 비추는 달은 호수에 비친 달이다.

_ 우암 송시열이 정치적 풍파를 겪을 때마다 한발 물러나 마음의 때를 씻고 휴식을 취했던 화양구곡.

병원이 없을 때
민초들이
찾아간 약방,
약사암

신선이 독서하는 지형에 솟는 신령한 샘물

장성 백양사
약사암

'자연인이다'는 중년 남성들이 많이 보는 TV프로그램이다. 도시를 떠나 산으로 들어간 사람들의 얘기가 주를 이룬다. 사업이 망해서 산으로 들어간 사람, 죽을병에 걸려서 들어간 사람, 부부나 가족관계가 파탄 나서 들어간 사람, 인생 막장에 몰려서 들어간 사람들이 대부분이다. 아무런 대책 없이 산으로 들어가도 죽지는 않는다. 산에 들어와 있으면 나물 캐고 땔감나무 하고, 자기가 살 수 있는 움막을 지어야 한다. 자연히 운동이 된다. 인적 없는 적막한 자연 속에 있으면 그 자체로 명상이 된다. 구름도 보고, 밤에는 별도 보고, 저녁노을에 잠긴 바위산의 모습도 보고, 비가 내리고 바람이 부는 사계절의 변화를 보면서 저절로 성찰이 일어나는 셈이다.

전남 장성의 백양사白羊寺에 있는 약사암藥師庵은 병을 고치는 데 효험 있는 암자이다. 죽을병에 걸린 사람은 산에 들어오면 사는 수가 있다. 산에 들어올 때 그냥 산보다도, 영험한 약사여래의 기운이 서린 약사암에 들어오면 더 효과가 있다.

대체로 약사암은 중생들의 병을 낫게 하는 데 초점이 있는 암자다. 옛날에는 종합병원이 없었다. 병원이 없을 때에 병이 나면 어디로 가겠는가. 약사여래가 상주한다고 믿었던 약사암으로 가는 수밖에 없었다. 일단 매달릴 데가 있어야 하기 때문이다. 병도 세 가지 차원이 있다. 첫째 육체적인 원인으로 생긴 병이다. 예를 들어 담배를 많이 피우면 폐병이 발생할 확률이 높다. 이럴 때는 담배부터 일단 끊는 것이 순서이다. 둘째 심리적인 원인으로 생긴 병이다. 인간관계의 스트레스나, 재물을 잃어버렸을 때 오는 병이다. 홧병이 대표적이다. 이런 병은 상담이 필요하다. 셋째 원인을 알 수 없는 병이다. 귀신병鬼神病이다. 옛사람들은 도력이 높은 성직자나 도사, 고승을 만나야 귀신병이 낫는다고 믿었다. 약사여래는 이 세 가지 병 모두 효험이 있다. 병을 가리지 않는 게 약사여래이다.

_ 병을 고치는 영험이 있는 약사암은 땅의 기운이 강한 곳에 자리한다. 바위산이나 삼면이 바위로
둘러싸인 곳이 적격이다.

바위, 물, 도인 스님
약사암의 조건

병을 고치는 영험이 있는 약사암은 조건이 있다. 우선 그 터가 기운이 강해야 한다. 병을 고치려면 천지의 기운을 필요로 한다. 땅의 기운은 바위에서 올라온다. 바위산이나 바위로 삼면이 둘러싸인 곳이 적격이다. 또 하나의 조건은 물이다. 물에서 효험이 온다. 물은 환자가 매일 마셔야만 한다. 밥은 안 먹을 수 있지만, 물은 하루라도 안 마실 수 없다. 물에는 각종 미네랄이 녹아 있다. 어떤 곳에서 나오는 물이냐에 따라 그 속에 함유된 미네랄 성분이 다르다. 병에 효험이 있는 물은 대개 석간수石間水가 많다. 돌 속을 뚫고 흘러오면서 돌 속에 함유되어 있는 미네랄이 자연스럽게 물에 녹아 나온다. 특히 한국은 화강암이 많다. 화강암 지대를 통과한 물은 거의 약물이라고 해도 과언이 아니다. 환자가 이 물을 6개월에서 1년 정도 복용하면 피가 깨끗해지고 맑아지며, 세포가 정화되고 건강해지기 마련이다. 약사암이 갖추어야 할 조건 가운데 마지막은 그 암자에 상주하는 도력 높은 스님이다. 기도를 많이 해서 약사여래의 가피加被를 받은 스님이 머무르는 암자는 훨씬 효과가 높다.

바위, 물, 도인 스님. 이 세 가지 조건 가운데 앞의 두 가지만 갖추어도

자연에서 채우는 영적 에너지 5

산으로 들어가다 _ 인생에서 누구나 어려운 상황이 반드시 찾아온다. 일생 살면서 어려운 상황 없는 사람은 없다. 평소 어디로 탈출할 것인가를 미리 생각해 두어야 한다. 이 생각을 하는 것과 안 하는 것은 큰 차이가 있다. 지혜 있는 사람은 평상시에 생각을 해놓는다. 도시를 떠나 산으로 들어간 사람들이 있다. 그중에는 사업이 망해서 산으로 들어간 사람, 병에 걸려서 들어간 사람, 부부나 가족관계가 파탄 나서 들어간 사람, 인생 막장에 몰려서 들어간 사람들이 있다. 왜 그들은 산으로 들어가는가. 아무런 대책 없이 산으로 들어가도 죽지는 않는다. 산에 들어와 있으면 나물 캐고 땔감나무 하고, 자기가 살 수 있는 움막을 지어야 한다. 자연히 운동이 된다. 인적 없는 적막한 자연 속에 있으면 그 자체로 명상이 된다. 구름도 보고, 밤에는 별도 보고, 저녁노을에 잠긴 바위산의 모습도 보고, 비가 내리고 바람이 부는 사계절의 변화를 보면서 저절로 성찰이 일어난다.

영험한 약사암이다. 백양사 약사암은 두 가지 조건을 갖추었다. 우선 약사암이 자리 잡고 있는 터가 백학봉白鶴峰이라는 바위 절벽의 중간에 해당한다. 올라가보니 해발 370m 정도 된다. 백양사에 절이 들어서게 된 단초는 백학봉으로 불리는 거대한 흰색의 바위 때문이 아닌가 싶다.

　　백학봉에서 영기靈氣가 나온다. 영기가 나와야 기도를 드리면 영험이 있고, 영험이 있어야 절이 유지된다. 멀리서 보면 바위 절벽 전체의 모습이 학鶴처럼 보인다. 가운데가 볼록 솟아 있고, 양 옆으로 퍼진 모습이 학이 앉아 있는 형상으로 보인다. 멀리서 보면 바위색이 흰색에 가까운 색깔로 보인다. 그래서 백학봉이다.

　　흰색은 영적으로 수준이 높은 색깔이다. 인도나 티베트에 가면 흰색 수건을 목에 걸어주거나, 또는 브라만의 사제계급들이 입는 옷의 색깔이 흰색이다. 인도의 카스트 제도에서 가장 높은 브라만 계급은 흰색 옷을 입고, 그 아래 계급인 크샤트리아는 빨간색, 장사해서 먹고사는 바이샤는 갈색, 그리고 맨 밑바닥 계급인 수드라는 검정색이다. 현대 패션에서 '블랙 앤드 화이트'는 최하층 밑바닥과 맨 위의 정신세계가 섞인 희한한 형태이다.

　　흰색을 띠고 있는 바위는 보통 바위가 아니다. 정신세계에서 볼 때 흑석黑石보다는 백석白石의 차원이 높다. 흰 바위절벽에서 수도하면 백색의 기운을 받게 된다. 풍수가에서는 백학봉의 산세를 선인독서형仙人讀書形이라 보기도 한다. 신선이 독서하는 형국이라는 것이다. 그래서 백양사에서 공부 잘하는 학승이 많이 배출된다는 전설이 있다. 백양사 백학봉 중간에 위치한 약사암에는 바로 옆에 영천굴靈泉窟이 자리 잡고 있다. '신령스런 샘물이 나오는 굴'이다. 약사암에서 100m쯤 옆으로 돌아가면 굴속에서 샘물이 나온다. 지금은 굴 입구에 기와지붕을 얹어놓아 계단 건물 안으로 들어가야 한다. 이름을 '영천굴'이라고 붙였다는 것은 천 년 넘게 많은 사람들이 이 샘물을 먹고 병을 고쳤기 때문에 붙여진 이름이다.

선방에서 도를 통하고
약방에서 병이 낫는다

마침 약사암을 가는데 눈발이 휘날린다. 암자에 가니 주지 스님은 출타 중이다. 주지 스님이 계셔야 이곳에서 병이 나은 사람들의 생생한 영험담을 들을 수 있을 텐데, 영험담을 듣지 못해서 섭섭하다. 하지만 호남 일대에서 옛날부터 백양사 약사암은 영험이 대단하다는 입소문이 나 있다. 백양사의 참선하는 선방禪房이 운문암雲門庵이라고 한다면, 중생들의 병을 고쳐주는 약방藥房은 약사암인 것이다. 선방에서 도를 통하고 약방에서 병이 낫는다. 백양사 운문암이 호남의 3대 공부 터라고 한다면, 약사암은 호남에서 알아주는 약사영험 도량이다.

휘날리는 눈발을 맞으며 암자의 앞산을 바라보니 도집봉道集峰이 안산案山이다. '도가 집합되어 있다'는 뜻이다. 왼쪽으로 보이는 봉우리는 옥녀봉玉女峰이라고 한다. 옥녀봉은 대개 둥그런 모습이다. 옛날 여자들이 머리를 빗고 난 다음에 뒤꼭지에 비녀를 꽂은 모습을 옥녀봉이라고 한다. 쪽진 여인의 머리 모습이 둥그렇기 때문에 옥녀봉은 둥그런 모습이다. 오행으로 따진다면 금체형金體形이다.

도집봉과 옥녀봉이 암자 앞의 기운을 보호해주고 멀리 담양의 병풍산屛風山이 보인다. 암자의 조산朝山이 병풍산이다. 암자 앞이 이빨 빠진 것처럼 트여 있지 않고, 이처럼 여러 산들이 원근에서 막아주면서 포진하고 있으니 약사암 터가 보통이 아닌 것이다. 불치병에 걸려 이판사판의 상황에 처했다면 백양사 약사암에 가서 한번 기도를 해보는 것도 방법이다. 궁즉통窮則通이라고 하지 않았던가.

_ 약사암에서 내려다본 백양사. 약사암 앞에 옥녀봉(왼쪽)과 도집봉(오른쪽)이 포진해 있어 약사암에서
빠져나가는 기운을 막아준다.

_ 산골짜기에서 피어오르는 안개. 신비로운 풍경 앞에서는 절로 마음이 숙연해지고 기도가 솟는다.

병원이 없을 때에 병이 나면 어디로 가겠는가. 선조들은 약사여래가
상주한다고 믿었던 약사암으로 가는 수밖에 없었다. 이판사판의 상황에
처했다면 한번 기도를 해보는 것도 방법이다. 궁즉통窮則通이라고 했다.
『주역』에 '궁즉변窮卽變, 변즉통變卽通, 통즉구通卽久'라고 나온다.
"궁하면 변하고, 변하면 통하고, 통하면 오래간다"는 뜻이다.
그러나 '궁窮'하다는 무엇인가. 그것은 곤궁하다가 아니라 '궁구하다'
최선을 다한다는 뜻이다.

_ 예로부터 흰색은 영적으로 수준이 높은 색깔이다. 약사암의 바위는 전체적으로 흰색을 띤다.

_ '신령스런 샘물이 나오는 영천굴. 천 년 넘게 많은 사람들이 이 샘물을 먹고 병을 고쳤다고 한다.

장성 백양사 약사암

살다 보면
기도밖에 할 수 없는
때가 있다

9

한국 산신 신앙의 메카
인제 설악산
봉정암

인생에서 어떻게 손을 써볼 수 없는 상황에 부닥치면 어떻게 할 것인가? 보통 사람은 이때 자살하고 싶은 충동을 느낀다. 이 지점에서 두 갈래로 선택이 갈린다. 한쪽은 자살하고, 다른 한쪽은 기도祈禱를 시도한다. 죽느냐 사느냐의 갈림길에서 기도를 해 본 사람만이 지니는 독특한 깊이가 있다. 문제는 어떤 장소에서 기도를 하느냐이다. 장소에 따라 기도발祈禱發이 다르기 때문이다. 기도는 기도를 하는 사람의 간절한 염원, 그리고 영험한 장소의 결합 정도에 따라 효과가 다르게 나타난다. 그러므로 평소에 기도발 잘 받는 영지가 어디에 있는지를 파악하고 있는 것도 삶의 지혜다.

영지에 가면 설명이 필요 없다. 이론이 필요 없다. 설명과 이론을 알아야만 한다면 골치 아프다. 저절로 편해져야만 영지이다. 영지에 머물러서 잠도 자고, 어슬렁거리고, 놀다 보면 자연스럽게 안정감이 찾아온다. 문제는 그런 곳에 머물 수 있느냐이다. 잠깐 왔다 가면서 사진만 찍는 여행은 소용없다. 시간 되는 대로 오래 머물러야 좋다. 우리나라 한민족은 생과 사의 갈림길에서 세 가지 종류의 기도노선이 있었다. 산신山神 기도, 용왕龍王 기도, 칠성七星 기도였다. 한민족의 기도발 3대 원형은 바로 이러한 삼신三神신앙이다. 도깨비와 민화를 연구한 고故 조자용 선생은 『삼신민고三神民考』라는 책에서 우리 민족의 '삼신'이 무엇인가에 대하여 서술한 바 있다. 산신, 용왕, 칠성은 한민족의 3대 종교적 원형이다. 한민족은 수천 년간 삶의 덫에 걸리면 여기에 대고 빌었다. 수천 년간 그 신앙이 이어져 온 것은 영험이 있었다는 증거 아니겠는가. 사람의 기질에 따라, 그리고 그 기도자의 처한 상황에 따라 산신기도가 효험이 있을 수 있고, 용왕이나, 칠성이 더 영험을 지닐 수 있다.

내 어머니는 평생 새벽마다 부엌에서 대접에 찬물 한 그릇 떠놓고 칠성기도를 드렸다. 칠성기도를 하는 모습을 보면서 자식은 많은 것을 생각할 수밖에 없다. '무엇을 위해서 저렇게 기도하는가?'에서부터 시작해, '과연 저렇게 기도한다고 해서 효과가 있는가?', 마지막에는 '인간이 저렇게 간절하게 기도하며 사는 것도 나쁘지 않다'는 생각으로 변한다.

해발 1,244m, 용 이빨같이 날카로운 바위군인 용아장성에 자리 잡은 봉정암. 바로 이곳이 천상이고 내가 신선이다

_ 영지에 가면 설명이 필요 없다. 이론이 필요 없다. 저절로 마음이 시원하고 편해져야만 영지이다.

'나에게 시간을 더 주십시오'
하늘에 띄운 간절한 기도

칠성은 북두칠성을 상징한다. 북두칠성은 하늘에 떠 있는 거대한 시계이다. 옛사람들은 북두칠성을 우주의 시계라고 생각했다. 북두칠성은 매일 시간대마다 6번째와 7번째 별의 방향이 바뀐다. 시계바늘처럼 회전하는 것이다. 그래서 옛사람들은 밤 10시쯤 하늘에 걸린 '두병(斗柄, 북두칠성의 손잡이 부분)'이 가리키는 방향을 보고, 대강 '몇 시쯤 되겠구나'를 짐작했다.

　　칠성을 하늘에 떠 있는 '시간의 신'으로 생각했기 때문에 시간이 부족한 사람, 시간이 다 된 사람은 칠성신에게 빌었다. '나에게 시간을 더 주십시오. 시간을 늘려주십시오'라는 부탁이었다. 즉 수명이 짧다고 생각한 사람들은 칠성기도를 드렸던 것이다. 사람이 죽으면 칠성판(七星板, 송판에 북두칠성 모양으로 7개 구멍을 뚫어 만듦)을 관에 깔고 시체를 누인다. 마지막 죽을 때는 칠성판에 눕게 되는 셈이다.

　　왜 칠성판인가? 북두칠성으로 되돌리기 위해서이다. 이제 시계태엽이 다 풀어졌으니 북두칠성으로 되돌아가서 다시 태엽을 감고 인간세계에 돌아오라는 뜻이 담겨 있다. '돌아가셨다'는 말은 어디로 가셨다는 뜻인가? '칠성으로 돌아간다'는 뜻이다. 존재의 시간은 칠성에게서 시작되었으니, 시간이 끝나면 처음 출발했던 장소인 칠성으로 되돌아가는 것이 이치에 맞는다고 우리 조상들은 생각했으리라.

　　사찰에 있는 칠성각七星閣은 칠성기도를 드리는 장소였다. 자식이 무병장수해서 명 길어지라고 어머니들이 드렸던 기도가 칠성기도이다. 용왕기도는 바다의 신에게 드리는 기도이다. 배를 타고 바다에 많이 나갔던 어부나, 무역상인, 바다에서 싸우는 해군海軍이 주로 드렸던 기도가 용왕기도이다. 바다를 지배하는 신이 용왕이라고 보았던 것이다. 나중에 불교가 들어오면서 이 토속적인 용왕기도는 해수관음海水觀音 기도로 변했다. 불교에서 용왕을 포섭한 셈이다. 흰옷을 입은 관세음보살이 바다의 꿈틀거리는 커다란 용의 등에 올라타 서 있는 모습의 그림이 해수관음을 상징하는 대표적인 그림이다.

　　동해안에는 낙산사 홍련암, 서해안에는 석모도 보문사, 남해안에는 남해도 보리암, 여수의 향일암 같은 곳이 한국의 대표적인 관음기도 성지에 해당한다. 관음기도의 밑바닥에는 수천 년 동안 한민족에 면면히 내려왔던 용왕기도가 깔려 있다. 용왕은 무엇인가. 바다에서 올라오는 수기水氣이다. 수기가 인체에 들어오면 미묘한 작용을 일으킨다. 미묘한 작용이란 무엇이겠는가. 종교적 영험으로 귀결된다.

──　봉황의 정수리,
　　봉정암에 깃든 설악의 정수精髓

칠성, 용왕보다 더 한민족에게 깊은 울림을 준 것이 산신기도이다. 조상 대대로 산신신앙을 믿어 온 우리 민족의 무의식 저 밑바닥에는 산신신앙이 각인되어 있다. 단군檀君이 바로 산신이다. 고대 상고사를 보면 우리 조상들은 역대 단군들이 죽어서 산신이 된다고 믿었다.

　　설악산 봉정암은 한국 산신 신앙의 메카이다. 신라 선덕여왕 13년(644년) 자장 율사에 의해 창건된 봉정암은 한국의 대표적인 기도처이다. 전국에 수많은 산신 기도처가 있지만, 그 가운데서도 첫손가락에 꼽는 기도도량이다. 물론 지금은 불교신앙의 성지로 바뀌었지만, 원래 밑바닥에는 토속적인 산신 신앙이 깔려 있었다는 말이다. 불교가 들어오면서 토속신앙은 불교로 옷을 갈아입었지만, 그 종교적 영성의 가장 밑바탕에는 한민족 고유의 산신이 자리 잡고 있다. 종교는 시대에 따라 이 옷도 입어 보고, 저 옷도 입어 본다. 옷만 갈아입을 뿐이다. 따지고 보면 이름이 그렇게 중요한 것인가. 산신이면 어떻고, 하느님이면 어떻고, 부처면 어떻고, 여호와면 어떻고, 알라신이면 어떤가. 이름 따라 뭐가 달라지는 것인가? 문제는 바위에 있다. 바위에서 영험이 나오고, 영험 때문에 여러 이름이 생겼다고 봐야 한다. 종교적 영성의 비밀은 바위에서 제조되는 것이다. 물론 바위는 매체이고, 그 사람의 정성과 간절함이 더 근원적인 요소이지만 말이다. 어느 종교이든 상관 없다. 간절한 마음을 가지고 있느냐가 중요하다. 그리고 그 간절함을 바위가 안다.

봉정암은 내설악 최고의 기암괴석군이라 할 수 있는 용아장성龍牙長城의 바위자락에 자리 잡고 있다. 용 이빨같이 날카로운 바위군群에 있다. 해발 1,244m에 이른다. 굉장히 높은 위치라 여름에도 시원하다. 겨울에는 엄청 춥다. 설악산이 어떤 산인가. 5월에도 설화雪花가 피는 산이다. 적어도 1년에 6개월 이상 눈이 덮여 있는 산이 설악산이다. 그래서 이름도 눈 설雪자가 들어간다. 봉정암은 설악산 기운의 정수精髓에 해당한다. 먹을 것도 귀하고, 땔감도 귀했던 조선시대에는 접근하기 힘들었던 기도터가 봉정암이었다. 일반인은 쉽게 올 수 없었고, 올 생각도 못 했다. 그만큼 소수의 승려들과, 약초 캐던 심마니들이나 올 수 있었던 암자였다. 1년에 반절은 눈이 쌓여 있어서 오기 어려웠던 것이다. 먹을 것도 없고 말이다. 접근이 어려웠다는 사실을 뒤집어 보면, 그만큼 신성한 도량이었다는 결론이 나온다. 성지는 아무래도 접근하기 어렵다는 데서 오는 신성함이 있어야 한다. 그런데다가 산 전체가 거의 바위산이다. 엄청난 골산骨山에 해당한다. 골산은 뼈만 있다는 뜻 아닌가. 살이 없는 것이다.

살이 많은 육산의 전형은 지리산이다. 지리산은 육덕이 좋은, 살집이 많이 붙어 있는 넉넉한 산이라면, 골산인 설악산은 뼈만 있는 강건한 산이다. 성질 날카로운 사람은 일단 지리산에 가서 노기怒氣를 풀어야 한다. 노기를 풀어내려면 최소한 3년은 그 산에 살아 보아야 한다. 반대로 세상살이 하느라고 기가 빠져 배터리가 방전된 사람은 설악산에 먼저 가서 살아 보는 게 효과가 빠르다. 온통 바위산인 설악에서 살다 보면 천지가 다 기운이다.

높이도 중요하다. 1,000m가 넘는 해발의 기도터는 초심자가 오래 머물기에는 아무래도 부담스럽다. 초심자는 해발 500m 미만의 위치에 거주하는 것이 무난하다. 고단자가 되어야만 800m 이상의 고지대에 머무를 수 있

_ 초행자들은 죽을힘을 다해 올라야 하는 봉정암. 사람들은 봉정암 5층석탑 앞에서 비로소 마음속의 간절함을 몽땅 내려놓는다.

다. 800m 이상 되면 우선 지상과의 온도 차이가 5~6℃의 차이가 있고, 기압도 다르고 산소 함유량도 미세한 차이가 있다. 고단자는 몸의 경락이 한 군데도 막혀 있지 않고 거의 열려 있는 사람을 가리킨다. 이런 사람은 기압차이나, 온도 차이에도 크게 장애를 느끼지 않는다. 순환이 잘 되므로 심장의 기능도 우수하다. 그래서 800m 이상에 살아도 부담이 없고, 고지대에 살수록 하늘의 천기天氣를 호흡하는 데에 유리해진다.

봉정암이 해발 1,244m라는 사실은 시사하는 바가 여러 가지이다. 기압이나 온도가 인체에 영향을 미치는 암자인 것이다. 고승이나 도사들을 보면 공부가 높아질수록 머무르는 암자도 해발이 높아지는 경향이 있다. 어떤 도인이 해발이 높은 데서 10년 이상 살았다고 한다면 그 사람은 뭐가 있어도 있는 것이다. 한마디로 봉정암은 고단자가 머무를 수 있으면 좋은 터이다. 봉황의 정수리라는 봉정鳳頂 아닌가.

2006년 무렵 건강이 좋지 않아 봉정암에 1주일 정도 머물며 기도해 본 적이 있었다. 봉정암에 있어 보니까, 밑바닥에서 올라오는 기운이 쩔쩔 끓는 느낌을 주었다. 강력한 지자기地磁氣의 체험이었다. 하루는 암자의 주지 스님이 배려해주셔서 주지 스님 처소에서 자 본 적이 있었는데, 약간 과장하면 몸이 붕 뜨는 듯한 느낌이 들 정도로 기운이 강하게 들어왔다. 잠을 잘 때에 머리를 어떤 방향에 두느냐 하는 것도 관건이다. 머리는 기운이 강하게 들어오는 쪽을 향해야 한다. 바위 절벽 쪽이 기운이 들어오는 방향이다. 기운은 일단 머리부터 먼저 들어와서 발쪽으로 흘러가는 것이 자연스럽다.

나처럼 글을 쓰거나 아이디어를 창출하는 등 머리를 많이 쓰는 직업은 바위가 많은 곳에서 1주일에 하루 정도 자보는 것이 좋다. 그래야 충전된다. 뇌세포를 혹사하는 직업을 가진 이들은 바위산에서 정기적으로 숙박을 해야 한다. 바위에서 나오는 에너지는 뇌세포를 활성화시켜 준다.

기도할 줄 아는 것도
인생의 큰 능력이다

봉정암은 그 터도 대단한 자기장磁氣場이 형성된 '볼텍스vortex'이지만, 봉정암까지 올라오는 길도 굉장히 파워풀하다. 백담사에서 출발해 봉정암까지 오는 등산로는 보통 6시간 정도 걸린다. 이 6시간의 산길이 참 묘하다. 거의 계곡을 끼고 올라오는 길이기 때문이다. 계곡을 끼고 올라오다 보면 계곡에서 흐르는 물의 수기를 받을 수 있다. 바위의 화기와 계곡물의 수기가 합쳐지면서 그동안 쌓여 있었던 탁한 기운을 배출시키는 작용을 한다. 물로 씻어내고, 불로 충전시킨다. 물과 불이 모두 필요하다. 인간의 건강은 결국 파고 들어가면 물과 불의 문제이다. 6시간의 계곡 산행길은 물대포와 불대포를 모두 맞을 수 있는 천혜의 힐링로드인 셈이다. 수화쌍포水火雙砲가 설치된 곳이 또한 영지이다.

봉정암은 평일에도 천여 명 이상 몰려드는 한국의 대표적인 기도터이다. 조그만 암자에 주말이면 수천 명이 몰려드니 발 디딜 틈이 없다. 방 하나에 수십 명이 자야 되는 상황이므로 무릎을 세운 채로 칼잠을 잔다. 먹고 씻는 것도 불편하다. 식사는 미역국 한 그릇에 밥 한 공기이다. 이것이 '봉정암 정식'이다. 수천 명을 동시에 먹이려다 보니 어쩔 수 없다. 그런 열악한 조건에서도 기도객들이 몰려와서 한 숨도 안 자고 법당에서 기도를 드리는 까닭은 영험 때문이다. 영발 앞에서는 가방끈이고, 뭐고 다 필요 없다. '발' 중에는 영발이 최고이다. 효험이 있으니까 그 불편함을 감수하고 6~7시간을 올라가서 기도하는 것 아니겠는가. 자기 앞에 떨어진 불똥은 끄고 봐야 한다. 자기 인생에 절벽이 가로막고 있다고 생각되는 사람은 봉정암에서 사흘만 죽기 살기로 한번 기도해 보기를 권한다. 한국 산신기도의 수천 년 전통이 어려 있는 영지가 봉정암이다.

푸근한
소 등에
기대어 가슴속
상처를
어루만지니

10

옛 백제에 자리한 신라풍의 아미타 도량

서산 도비산
부석사

섬은 공부하기에 좋은 장소이다. 고립되어 있기 때문이다. 섬에 가려면 물을 건너야 한다. 옛날에는 다리를 놓는 토목공사 장비가 없었기 때문에 물을 건너기란 굉장히 어려웠다. 조선시대 박지원은 청나라 열하에 가면서 가장 힘들었던 일이 강물과 냇물을 건너는 것이었다고 한다.『열하일기』에서 그는 여차하면 사람과 말이 강물에 떠내려갈 뻔한 위험한 고비를 묘사하고 있다.『열하일기』를『구강록』이라고도 불렀다. 하룻밤에 9번 강물을 건너가는 이야기를 담고 있는 책이라는 뜻이다. 그만큼 물 건너가는 일은 목숨을 걸어야만 하는 것이었다. 물을 건너는 것은 또 다른 세계로 가는 일이었다. '물 건너갔다'는 말은 여기에서 나왔다. 다른 세계로 넘어 갔다는 뜻이다.

영성靈性은 자기 내면세계로 들어가는 일이다. 침잠沈潛이 절대적으로 필요한데 먼저 외부와 단절되어야 한다. 몇 해 전 방문했던 그리스 마테오라 수도원은 바위 절벽 꼭대기에 자리 잡고 있었다. 중세시대 당시에는 위에서 줄로 바구니를 매달아 식료품과 사람을 끌어 올렸다고 한다. 절벽 위에 있어서 접근이 불가능했다. 서양의 중세 수도원에서도 외부공간과의 철저한 차단은 일차 필요충분조건이었던 셈이다. '잡인 출입금지'이다. 그런데 섬은 이 모든 것이 자연스럽게 차단된다.

충남 서산에 있는 부석사浮石寺는 섬에 있었다. 경북 영주에도 같은 이름의 부석사가 있고, 충남에도 부석사가 있는데 모두 의상 대사 창건설화라는 공통점이 있다. 여러 가지 정황을 볼 때 서산의 부석사가 더 먼저 세워진 것으로 보인다. 서산 부석사는 도비산島飛山에 있다. 도비산은 해발 350m 정도 된다. 부석사는 이 산의 230m 위치에 자리해 있다. '섬이 날아가는 것처럼 보인다'고 해서 도비산이다. 엄밀하게 이야기해서 도비산은 섬이 아니다. 3면이 바다로 둘러싸여 있었고, 나머지 1면은 육지와 연결되어 있었으니 완전 섬은 아니었다. 그러나 육지와 연결된 쪽으로는 사람 내왕이 어려운 지형이었다. 바다를 통해 배를 타고 왕래하는 것이 더 편했다. 배를 타고 가야 한다는 점에서 육지가 아닌 섬이었다.

소가 누운 와우형으로 배치된 부석사. 소처럼, 어머니처럼 푸근하고 부드러운 명당이다.

옛날에는 부석사에 오려면 배를 타고 와야 했다. 1980년대 후반 현대 건설에서 간척사업을 하면서 부석사 앞 바다와 갯벌이 간척되어 갯벌이 논밭으로 변했다. 상전벽해가 이루어진 것이다. 지금은 자동차가 절 앞까지 들어간다.

많은 사람이 무사히
물을 건너가게 해주십시오

의상과 원효는 당나라 유학을 가려고 지금의 경기도 화성 지역에 머물렀다. 이즈음 원효는 해골바가지에 고인 물을 먹고 깨친 바가 있어서 당나라 유학을 포기한다. 그러나 의상은 당나라에 갔다. 화성 앞 대부도에서 당나라행 배가 출발했던 듯하다. 의상이 유학을 마치고 돌아올 때는 충남 당진 쪽으로 들어왔던 것으로 추정된다. 당진唐津은 그 이름 자체가 당나라를 오가는 항구라는 뜻이다. 서산 도비산은 범위로 보아 당진권에 속한다. 의상이 탄 배는 도비산 근처로 들어왔고, 의상은 여기에 절을 세운다. 의상을 사모했던 선묘 낭자는 용이 되어 의상을 여기까지 따라왔다고 한다. 의상의 사찰 창건을 도와주기 위해서 선묘는 커다란 바위가 되어 도비산 앞의 조그만 바위섬이 되었다고 전해진다. 도비산의 9조각의 돌이 날아가 이 바위섬으로 변했고, 이를 본 주변 사람들이 방해를 하지 못하고 마침내 의상의 부석사 창건을 도와주었다는 것이다. 영주 부석사 설화와 그 구조가 같다. 용은 물에서 활동하기 때문에 용으로 변한 선묘가 활동하기에는 첩첩산중인 영주 부석사보다 서산의 부석사가 더 적합한 공간이 아닌가 싶다.

지금도 매년 4월이 되면 이 동네 사람들이 부석浮石에서 제사를 올린다. 절 마당 크기만 한 바위섬인데, 지금은 간척으로 인하여 육지가 되었다. 부석사는 서향으로 앉아 있다. 절은 방향도 중요하다. 서쪽을 향하고 있다는 것은 서방정토西方淨土에 계시는 아미타불을 모시기에 좋은 조건이다. 서향은 아미타 도량이다. 부석사는 아미타불을 모시는 아미타 도량이라고 알려져 있다. 영주 부석사의 무량수전도 아미타불을 모시는 도량이라는 점에서 서산 부석사와 주존불이 같다. 백제 불교는 미륵불을 주존불로 모시지만, 신라불교는 아미타불을 많이 모신다. 이 점에서 칼라가 다르다. 아미타불의 서방정토는 하늘나라이다. 미륵불의 용화회상龍華會上은 현실세계에 있다. 신라불교의 특징이 아미타 신앙이기도 하다. 아미타 신앙의 원조가 바로 의상 대사인 것이다. 요즘도 우리나라 사람이 흔히 외우는 '나무아미타불 관세음보살'이라는 염불은 의상 대사가 퍼트렸다고 보는 것이 정설이다. 관세음보살은 용 신앙과 관련 있다. 관음보살은 용을 타고 다니는 모습으로 그림에 나타난다. 바다를 지배하는 보살이 관음보살이다. 뱃사람들의 항해를 안전하게 지켜주는 보살이 관음보살로 여겨졌기 때문에 중국의 동해안 쪽 사찰에 가보면 관음보살을 주존으로 모신 곳이 많다. 자항보도慈航普渡, '자비로움으로 항해를 잘 하도록 돌봐줘 많은 사람이 물을 건너가게 해주십사' 하는 염원이 담겨 있는 표현이다. 중국의 동해안 관음보살 사찰에 걸려 있는 현판 글씨이다.

부석사 경내의 안양루安養樓도 아미타 신앙을 보여주는 건물이다. 아미타불은 불교적 천당을 주관하는 부처님이고, 천당에 가도록 도와주는 보살님이 관세음보살이라는 말이다. 관음보살은 방법을 제시해 주고 있는 것이다. 부석사의 우물 구조도 신라식이다. 신라의 우물은 'ㄴ'자 형태라고 한다. 백제는 두레박으로 바로 퍼 올리는 구조이지만, 신라식 우물은 일단 바닥으로 내려가 다시 그 안쪽에서 나오는 물을 떠먹는 구조이다. 부석사 우물이 이런 형태로 되어 있다. 도비산과 부석사가 백제 지역에 속하지만, 이러한 신라 양식은 신라 출신인 의상 대사의 창건 설화를 뒷받침하는 유물이다. 절을 창건할 때는 물이 중요하다. 먼저 물맛을 보고 절터를 잡을 것인가를 결정한다. 물이 나오지 않으면 그 터는 사람이 살 수 없다. 물맛도 봐야 한다. 물맛이 안 좋으면 사람이 오래 머무를 수 없다. 물은 건강과 직결되는 요소이다. 물이 좋아야 장수하고, 건강해야 도를 닦는다. 몸 아프면 도를 닦지 못한다. 그래서 고승들이 절터를 잡을 때 제일 먼저 확인하는 사항이 우물터이다. 부석사 우물은 깊이가 깊지 않다. 두레박으로 뜨는 물이 아니라, 바위틈에서 나오는 석간수이다. 가뭄에도 수량이 영향을 받지 않는다고 하니, 이 터가 명당은 명당이다.

누워 있는 소,
온화하고 푸근한 등에 기대어

부석사의 느낌은 온화하고 푸근하다. 절 뒤로 바위 절벽이 보이지 않고, 좌청룡 우백호에도 강기剛氣가 보이지 않는다. 동네 뒷산에 있는 조용하고 푸근한 절 같다는 느낌이다. 남성적인 터가 아니다. 어머니처럼 편하게 해주고, 긴장을 풀어주는 느낌이다. 그래서 그런 것일까. 부석사의 건물 배치도 소[牛]의 형국이다. 소가 누워 있는 와우형臥牛形 가람배치이다. 풍수에서 소가 누워 있는 형국의 산에 있는 명당을 와우혈臥牛穴이라고 하는데, '와우'가 들어간 이름의 산이나 터는 아주 순한 터이다. 별다른 특징이 없다. 특징이 없다는 것이 사람을 편하게 해주는 역할을 한다.

우선 부석사 본체 건물에 해당하는 건물이 심검당尋劍堂이다. 심검당이 소의 몸통에 해당한다. 건물이 반듯한 일자로 되어 있지 않고 약간 곡선으로 휘어져 배치되어 있다. 소가 누워 있는 모습과 같다. 심검당 앞의 부위가 우유가 나오는 소의 젖이다. 이 소 젖에 해당하는 위치에 우물이 있다. 우물이 우유인 셈이다. 소의 뒷발굽도 있다. 마당에 돌이 있는데, 이 돌을 뒷발굽으로 본다. 소의 머리는 어디에 있는가? 극락전 건물이다. 극락전이 소의 머리와 같다. 소의 머리에는 뿔이 있는데, 뿔은 어디에 있는가? 극락전 옆으로 1m가 약간 넘는 크기의 돌 들이 3개쯤 솟아 있다. 이 돌들이 소의 뿔이라고 한다. 듣고 보니 그렇다. 소의 항문은 어디에 있단 말인가? 심검당 오른쪽 공간에 연못이 하나 있다. 직경 3~4미터 정도 되어 보이는 조그만 연못이다. 연꽃도 있다. 이 연못이 소의 항문 부위라고 한다. 더 재미있는 부분은 소의 여물통이다. 소의 여물통을 '구유'라고도 한다. 이 여물통이 절 입구 들어오는 쪽에 있었다. 공양간 옆이다. 지름 50㎝ 정도 되는 돌인데, 가운데 홈이 파여 있어서 물이 고여 있다. 소는 여물을 먹어야 하기 때문에 여물통이 반드시 있어야 한다. 여물통이 밥이고 재물이다. 구유에 먹을 것이 넘쳐야만 부석사가 잘 된다는 말이 내려온다. 그래서 돌에 홈을 파서 여물통을 만들어 놓았다. 옛날 스님들이 가람 배치를 와우형으로 해놓았다는 것은 이 절의 배산背山에 해당하는 도비산의 형국도 소로 보았다는 것을 의미한다. 뒷산이 소가 누워 있는 것처럼 보이므로 절의 배치도 소와 같은 모습으로 한 셈이다.

　　　　산과 절을 '소'라고 생각하는 것과 안 하는 것은 어떤 차이가 있는가? 이 문제를 물어야 한다. 소라고 생각하면 자연이 살아 있는 생물이라고 여겨진다. 생명이 있고 살아 숨 쉬는 대지라고 받아들인다. 『도덕경』에 '인법지人法地'라는 말이 있다. '사람은 땅을 본 받는다.' 땅을 본 받는다는 것은 땅과 대화하고 때로는 일체감을 느낀다는 의미이다. 대화하고 일체감을 느끼는 게 도 닦는 것이다. 대화도 안 되고 일체감을 못 느끼면 죽어 있는 수준이다. 도 닦는 것은 감각이 아주 예민해져서 기후와 온도, 습도, 땅에서 올라오는 지자기地磁氣를 몸으로 느껴야 한다. 아주 예민해지지 않으면 공부에 진전이 없다. 그러자고 음식도 정갈하게 먹고, 물도 맑은 물 먹고, 계행을 청정하게 하는 것 아닌가! 감각을 예민하게 다듬으면 '인법지'가 무슨 말인지 안다. 나와 대자연이 서로 맞물려 있다는 것을 느껴야만 수행하는 맛이 난다. 와우형 가람배치가 주는 의미는 여기에 있다. 그래서 수행자는 터가 중요하다. 터는 살아 있는 생물이라고 여겨야 에너지가 전해지고 소통이 된다.

──　　　'용을 길들이다',
　　　　경허 선사의 꿈이 깃든 곳

부석사는 근래의 도인인 경허, 만공의 체취가 어려 있다. 먼저 경허 선사이다.

경허는 계룡산 동학사에서 한소식(깨달음) 했고, 그 다음에는 충남 연암산 천장암天藏庵에 들어와 보림(保任, 깨달은 뒤에 더욱 갈고 닦는 수행)을 한 것 같다. 보림은 무엇인가. 밥을 하고 나서 바로 솥뚜껑 열면 안 된다. 약간 뜸을 들여야 한다. 이 뜸 들이는 과정이 보림이다. 경허는 천장암에 있다가 다시 부석사로 옮겼다고 추정된다. 초기 보림을 끝내고 제한적인 공간에서나마 활동을 시작한 공간이 부석사가 아닌가 싶다. 천장암에서 부석사까지는 대략 50리 거리이다. 부석사에서 서산마애삼존불까지 거리는 30km 정도이다.

　　보통 불교에서 말하는 도 닦는 과정은 '십우도十牛圖'에 비유된다. 불교에서 말하는 소는 '통제되지 않는 무의식'을 가리킨다. 이 무의식이 현실생활에서는 '에고ego'로 나타난다. 이 무의식을 어떻게 통제할 것인가. 길들일 것인가. 탐·진·치 삼독심三毒心에 흔들리지 않으면 무의식이 길들여진 것이고, 소가 길들여진 것으로 본다. 왜 무의식을 소에 비유했을까? 소는 힘이 센 동물이다. 사람이 당해낼 수 없는 힘을 지녔다. 무의식이 그만큼 힘이 세다는 것을 상징한다. 소는 코뚜레에 구멍을 뚫으면 통제가 가능하다. 다른 동물은 코뚜레 뚫기가 어렵다. 목걸이는 채울 수 있지만 코뚜레는 소만 가능하다. 소는 논밭도 간다. 논밭 가는 동물이 어디 있는가. 계율을 지키는 것이 코뚜레에 구멍 뚫는 작업이다. 그러면 인간에게 아주 이로운 일을 해준다. 소를 잘 길들이면 소가 자기 대신 일을 알아서 해준다. 불행이 닥쳐올 것 같으면 미리 알려주고, 위험한 상황에서도 소가 보호를 해준다. '나를 보호하라'고 말을 시키지 않아도 소가 스스로 알아서 한다. 나와 소가 하나이면서 때로는 둘이 된다. 십우도에서 말하는 '인우구망人牛具忘'의 경지가 이 상태 아닐까 싶다. 동양 산수화에도 소년이 피리를 불며 소를 타고 가는 장면이 있다. 여기에도 숨은 의미가 있는 것이다. 인도에서도 소를 숭배한다. 자기 무의식이 중요하니까 여기에 집중하라는 의미라고 해석된다. 그만큼 불교 수행에서 소가 차지하는 상징성이 크다.

　　소의 모습으로 가람을 배치한 부석사는 십우도의 이념과 딱 들어맞는 사찰이다. 만해 한용운은 서울 성북동에 집을 지을 때 '소를 찾는다'는 의미의 심우장尋牛莊이라는 이름을 붙였다. 만해는 일생의 과제가 소를 찾는 일이었다. 혹자는 자신이 소를 찾았다고 여기고 그 다음 단계인 소를 길들인다는 의미로 목우장牧牛莊을 지었다. 고려의 보조지눌 선사의 호도 목우사牧牛子이다. 아예 소를 방목해버렸다는 의미로 방우장放牛莊이라는 이름도 사용한 바 있다. 그런데 부석사 본체 건물에 있는 또 하나의 편액 글씨를 보니까 '목룡당牧龍堂'이라고 쓰여 있다. 이 글씨를 누가 썼는가 하고 절에 기거하는 원우圓牛 스님에게 물어 보니, 경허 선사가 썼다고 한다. 경허가 부석사에 머물면서 쓴 현판글씨이다. 그러니까 경허 친필이다. 목룡당은 '용을 길들이는 집'이라는 뜻이다. 일반적으로는 '목우당牧牛堂'이 맞는데, 경허는 소를 용으로 바꿔버렸다. '소가 아니고 용을 길들이는 곳'. 여기에 경허 선사의 포부가 담겨 있다. 경허는 부석사에서 용의 포부를 지니고 있었다고나 할까. 『주역』의 핵심은 건괘乾卦에 있고, 건괘의 핵심은 비룡재천飛龍在天에 있다. 하늘에서 용이 날고 있다는 뜻으로, 용이 온갖 조화를 부리는 단계이다. 최고봉의 단계를 상징한다. 목룡당이라는 글씨를 보니 『주역』 건괘의 '비룡재천'이 생각난다.

도비산의 낙조에
상처를 어루만지다

스승인 경허를 따라서 만공 선사도 부석사에 머물렀다. 경허가 30대 후반에 부석사에 있었으니까 만공은 20대 초반쯤 될 것이다. 가장 팔팔하고 스승을 존경하는 '꽃밭 신심'이 있을 때 만공은 부석사에 있었다. 만공의 유적이 있다. 뒤에 산신각 쪽으로 산길을 5분쯤 올라가다 보면 만공굴滿空窟이 나타난다. 만공이 수행했다는 굴이다. 입구는 낮다. 허리를 숙이고 3m쯤 들어가면 두 사람 정도 앉아 있을 공간이 조성되어 있다. 굴 안에서는 설 수도 있다. 이 굴은 일제강점기 때 인공으로 뚫은 굴이라고 한다. 당시 도비산은 홍주석의

_ 만공굴에서 바라다본 서해바다의 낙조. 마음속 상처가 풀어지는 듯하다.

산지였다. 일본인들이 홍주석이라고 하는 돌을 캐 갔다. 그때 만공이 바위 뚫는 기술자에게 굴을 하나 파 달라고 주문했다는 것이다. 암벽 사이에 있는 굴이다. 스님의 체험담에 의하면 이 굴은 여름에 효험을 발휘한다고 한다. 여름에 모기가 많을 때 만공굴에 들어오면 모기가 없다고 했다. 아마 만공도 모기에 시달리다가 이 굴을 파지 않았나 싶다. 물론 겨울에는 상대적으로 따뜻하다. 굴에 들어가면 꼭 조이는 듯한 느낌이 들어 훨씬 집중력이 높아지고, 외부와 차단도 되고, 온도도 적당하다. 접근도 쉽고, 크기도 알맞고, 기운도 좋아서 수행처로는 그만이다.

부석사는 백제 지역의 온화한 산세에 자리 잡은 고찰이지만, 신라풍의 아미타 도량이라는 점이 특징이다. 서향으로 앉은, 서방 아미타 도량답게 절 앞으로는 저녁 낙조가 아주 일품이다. 서방 낙조는 중생의 상처를 치유한다. 마침 절 옆에는 템플스테이 건물이 잘 지어져 있다. 상처받은 사람들이 마음을 쉬기에는 딱 좋은 절이다. 조용하면서 소박한 충청도의 절이다.

_ 경허 선사가 파놓은 만공굴. 여름철에는 벌레나 모기가 없다.

_ 부석사 거북바위

_ 심검당 앞에 자리한 우물, 소 젖에 해당하는 위치에 있어 '우유 약수'라고 부른다.

_ 경허화상이 쓴 '모룡장'이라는 현판이 보인다.

더 갈 데가 없으니
새로운 세상이
열리누나

11

구름 속 도솔천의 세계
해남 달마산
도솔암

50대가 되니까 자연이 눈에 들어온다. 연두색의 신록이 마음을 환하게 만든다. '오십 이전에는 신록이 신록인 줄 몰랐지만, 오십 이후에는 신록이 신록임을 알겠구나'라고 해야 할까. 숲길 옆에 피어 있는 자그마한 꽃들이 눈에 들어온다. 숲에 들어가면 소나무의 송진 냄새가 아랫배까지 내려오도록 깊이 호흡을 해본다. '자연이 좋구나!' 왜 이 맛을 이제야 느끼는 걸까? 20~30대부터 알았으면 내 인생이 훨씬 더 풍요로워졌을 것 아닌가! 왜 배터리가 방전되기 시작하는 50대에 들어와서 이 맛을 알게 된 것일까!

해남의 달마산 도솔암 가는 숲속의 산길에 피어 있는 철쭉꽃을 보면서 가슴속에 들어와 뭉친 소회所懷이다. 인간이 50대 이전에는 오로지 자기 앞만 보고 자기만 알고 바쁘게 살다가, 이후가 되면 비로소 옆길에 뭐가 있는지 쳐다보면서 주변의 사물들이 눈에 들어오기 시작하는 것일까? 아니면 배터리가 유한하다는 사실을 처절하게 절감하면서, '인생 별 것도 없네'라는 이치를 깨달으면서, 자연이 갖는 무한함에 대하여 새삼스럽게 경외로운 마음을 품게되는 것일까? 하루살이같이 유한한 존재가 영겁의 무한한 천지자연에 대하여 갖는 질투와 부러움이란 말인가?

해남의 도솔산은 물건이다. 높이는 비록 500m도 안 되지만, 산 전체에는 영기가 가득 차 있다. 신선이 살아야 명산이라고 당나라 시인 유우석劉禹錫은 갈파했다. 달마산은 신선이 살만 한 입지조건을 갖추고 있다. 우선 땅 끝이라는 점도 간과할 수 없는 부분이다. '땅 끝'이라는 단어는 어감이 다르다. 끝이라는 것은 더 이상 갈 데가 없다는 뜻이다. 한반도의 땅 끝인 해남, 그리고 그 해남을 관통하는 달마산은 '땅 끝 산'이다. 더 이상 갈 데가 없다. 더 가면 바다이다. 산이 바다를 만나면 거기서 멈추어 선다. 그리고 기운을 만든다. 화기와 수기의 교류가 그것이다. 『주역』에서는 수화기제水火旣濟라고 말한다. 그래서 바닷가에 있는 바위산들이 명산이고, 이런 지점에서 동북아시아의 신선설화들이 발전했다. 중국 산동의 노산嶗山이 그렇다. 해상선海上仙의 발원지가 바로 노산이다. 조선의 금강산, 남해 금산錦山도 역시 그렇다.

_ 절벽 위 아슬아슬한 지점에 축대를 쌓아 만든 도솔암은 자연과 인공의 완벽한 조화를 이룬다.
달마산 신선이 산다면 어디에 살겠는가. 이런 곳에서 살아야지.

신선이 좋아하는 산은 대개 바다를 바라볼 수 있는 산들이다. 달마산이 그렇다. 풍수가에서는 '천리행룡千里行龍 일석지지一席之地'라고 표현한다. 용맥이 천리를 내려오다가 그 끝머리에 자리 하나를 만든다. 호박 열매가 끝자락에 열리듯이 기운이 뭉친 명당도 끝자락에 만들어진다.

끝이라는 어감은 비장한 감도 있다. 더 이상 갈 데가 없으니 꼼짝달싹할 수 없다는 느낌도 준다. 갈 데가 없구나! 그러나 반대로 새로운 차원이 열릴 수도 있다. 갈 데까지 간만큼 새로운 변화가 일어나는 지점이기도 하다. 궁즉변窮則變이요, 변즉통變則通이라 하지 않았던가. 달마산이 상징하는 것은 이러한 양면성이다. 궁窮도 있고, 변變도 있는 것이다.

아슬아슬한 절벽 위
머털도사가 사는 암자

나는 산에 가면 바위의 질을 본다. 단단한가, 무른가, 화강암인가, 석회암인가, 현무암인가, 맥반석인가. 산에 다니려면 바위에 대한 공부가 반드시 필요하다. 바위 이름 10개 정도는 외우고 있어야 한다. 그리고 그 산지도 알아야 한다. 왜냐하면 바위에 따라 기운이 다르기 때문이다. 바위가 단단하면 단단한 기운이 나오고, 무르면 기운도 부드럽다. 화강암에서 도인이 많이 나온다. 화강암은 단단한 돌이다. 단단한 기운이 몸속에 들어가면 한계상황을 돌파하는 힘이 비축되기 마련이다. 일본은 화산지대가 많아서 한국보다 돌이 무르다. 한국은 화강암이 많다. 그래서 무당도 한국 무당이 일본 무당보다 세다. 적어도 무당세계에서만큼은 조선무당이다. 산의 바위 강도 때문이다. 달마산의 도솔암 가는 숲길에서 돌출된 바위들을 유심히 살펴보았다. 규석硅石이 많다. 쌍토 '규圭'자가 들어간 이름이다. 바위의 결이 평평하게 나 있어서, 깨질 때도 네모나게 깨진다는 의미가 들어 있지 않나 싶다. 규암硅巖이라고도 한다. 약간 흰 색깔을 띠면서 바위 표면이 매끌매끌한 암석인데, 강도는 아주 단단한 편이다. 화강암보다 약간 더 단단할까? 규암에서 추출한 성분은 용광로에서 높은 온도의 불을 견디는 방화재防火材로 사용된다. '조선내화朝鮮耐火'라는 회사에서 생산되는 방화재는 대부분 이 규석에서 채취한다고 들었다.

도솔암은 비범한 자리에 있다. 이두호의 만화 '머털도사'가 머무르는 암자가 바로 이런 곳이겠구나 하는 생각이 들었다. 구름 위에 솟아 있는, 주변에서 도저히 접근할 수 없는 높은 절벽 위에 있는 암자 말이다. 그런가 하면 무협지에 나오는 무림의 고수들이 1년에 한 번씩 회합을 가질 때 바로 이런 장소에서 하면 어울릴 것 같은 분위기였다. '별유천지別有天地 비인간非人間'의 장소다. 50~60m 높이의 절벽 위 아슬아슬한 지점에 축대를 쌓아 암자를 지어 놓은 것이다. 절벽 위는 마치 거대한 창검槍劍처럼 뻗은 바위들이 직립으로 솟아 있었고, 그 직립한 바위 속에 조그만 암자를 지어 놓았다. 원래 자연 공간은 겨우 한 칸짜리 암자만 지을 수 있고, 마당은 나올 수 없는 입지였지만, 절벽 틈 사이에 돌 축대를 10m 가량 다져 넣어서 7~8평쯤 되는 마당 공간이 나올 수 있었다. 아래쪽에서 보면 아주 난공불락의 요새처럼 보인다. 거기에 한 칸짜리 자그마한 암자 하나가 자리 잡고 있으니, 자연과 인공의 완벽한 조화를 이룬다. 100퍼센트 자연만 있는 것보다는 이처럼 있는 듯 없는 듯한 인공이 약간 섞여 있는 것이 보기에 좋다. 달마산 신선이 산다면 어디에 살겠는가. 이런 곳에서 살아야지.

해를 보고 달을 보고, 바다를 본다. 그래야 산다

원래 도솔암 법당 터는 400년 동안이나 비어 있었다고 한다. 임진왜란 때에는 암자가 있었지만, 명량해전에서 패한 왜군들이 달마산으로 후퇴하면서 이곳에 있던 암자와 절들을 불태워버렸다고 한다. 그래서 400년 동안 빈터로 있었다. 터가 좋으니까 무속인들이 몰려와 치성 드리는 장소로 이용되어 오다가,

2002년 조계종의 법조法照 스님이 와서 터를 정화하고 법당을 지었다. 스님에게 물었다.

　"어떻게 이런 신선들이 살 법한 곳에 법당을 지었는가? 가장 전망이 좋은 때는 언제인가?"

　"내가 여기서 10년을 살았다. 1년에 평균 5번 정도는 제주도의 한라산이 아스라하게 멀리 보인다. 산꼭대기 부분이 보인다. 주로 청명한 가을에 잘 보인다. 이곳은 일몰과 일출이 모두 보이는 장소이다. 법당은 서향이다. 서쪽으로 있는 진도 앞바다가 보인다. 섬들 사이로 석양이 지는 모습은 장관이다. 특히 석양의 빛이 간접조명을 아래에서 위로 쏘는 것처럼 보일 때가 좋다. 해가 수평선에 거의 다다를 무렵, 바다 밑에서 하늘을 향해 붉은 노을을 반사시킨다. 이때 노을이 붉은 물감처럼 하늘의 구름들을 물들인다. 뭐라 형언할 수 없는 감동이 다가온다. '아! 내가 이 세상에 태어나기를 잘했구나!' 하는 느낌이 온다. 요사체는 남향에 가깝다. 완도 앞바다 쪽이 보인다. 새벽에 올라오는 해는 에너지를 준다. 바다 밑에서 올라오는 해를 보면 의욕이 생긴다."

　"그러면 달이 뜰 때의 풍광은 어떤가?"

　"완도 앞바다에 보름달이 뜨면 바다 전체가 하얗게 보인다. 월광이 바다에 물들면 하얗게 보이는 것이다. 이 하얀색이 달마산의 바위 전체를 비춘다. 그러면 바위도 하얀색으로 보인다. 산속에 혼자서 바다와 산 전체가 하얀색으로 물들어 있는 광경을 보고 있노라면 내가 이 세상에 살고 있는 사람이 아닌 것처럼 느껴지기도 한다. 1년 사계절이 다 나름대로 특색과 분위기가 다르지만, 겨울이 되면 특히 더 좋은 것 같다. 추위 속에서 바라보는 자연이 장엄하고 인간을 숙연하게 만든다."

　불교의 『관무량수경觀無量壽經』이라는 경전에 보면 16가지 관법觀法이 나온다. 관법은 도 닦는 방법을 일컫는다. 그 첫 번째가 바로 일몰관日沒觀이다. 석양의 해를 바라보는 방법이다. 뜨는 해는 잠깐이지만, 지는 석양은 한 시간 가까이 볼 수 있다. 대낮의 태양은 눈이 부시어 바라볼 수 없다. 그러나 저녁 무렵 석양은 눈이 부시지 않아 눈으로 감상할 수 있다. 석양을 한 시간 정도 바라보면 어떤 마음이 드는가? 평화로운 마음이 든다. 마음이 가라앉는다. 내가 받은 상처, 내가 알게 모르게 다른 사람에게 준 상처가 마음속에 켜켜이 쌓여 있다. 이 상처들이 치유 받는 시간은 석양을 바라볼 때가 아닐까. 그래서 16관법 중에 제1번에 올려놓은 것은 아닌지 싶다.

사람 사는 게 상처의 연속이다. 어렸을 때 마음은 깨끗하고 구김살이 없는 명주천 같다고 한다면, 나이가 들고 먹고 산다고 발버둥 치면서 마음이 걸레가 된다. 누더기처럼 여기 저기 터져 있고, 찢어져 있다. 이 누더기를 다시 원래 상태로 회복하는 방법이 바로 일몰관이다. 이 공허함과 상처를 치료하려면 명산에 올라와 석양을 봐야 하는 것이다. 그것도 장엄한 장소에서 봐야 효과가 있다. 장엄함을 자주 겪을수록 마음이 펴진다. 마음의 주름살을 깔끔하게 정리해주는 것은 역시 자연밖에 없는 것이다.

도솔산 절벽 위에 머털도사가 사는 암자처럼 지은 도솔암. 깎아지른 절벽 위의 도솔암 마당에서 석양을 바라보는 것은 정신병 치료에 해당한다. 우리 모두 마음의 병 하나쯤 앓고 있지 않은가. 마음 치료에서 필수사항이라면 풍광이 장엄한 장소를 많이 알아 놓는 일이다. 시간 날 때마다 그 장엄한 장소에 달려가 해를 보고 달을 보고, 바람 소리를 듣고, 바다를 바라보아야 한다. 그래야 산다. 다시 스님에게 물었다.

"인적이 드물고 신도도 별로 없는 이런 외진 곳에 혼자 사니까 스님은 춥고 배고플 것 같다. 특히 전라도 땅은 쿠르드 족族이 사는 데 아닌가! 경상도야 불교 신도가 많지만, 전라도는 불교 신도가 적다. 무엇을 먹고 사는가?"

"중은 외로워야 한다. '기한飢寒에 발도심發道心'이라는 말이 있다. 춥고 배고파야 도 닦을 마음이 생기는 것 아니겠는가. 등 따습고 배부르면 도는 멀어진다. 그런 점에서 경상도 절에 있으면 스님이라고 대우받지만, 전라도에 있으면 대우 못 받는다. 도는 전라도에서 닦아야 제대로 닦는 것이라고 생각한다. 자연 속에서 살아야 마음이 가라앉고 사물을 관조할 수 있는 힘이 생긴다. 눈 오고 추운 겨울에 이 산 꼭대기 절벽 위에 있으면 엄청나게 춥다. 밥을 할 때도 물이 얼어버려서 눈으로 했다. 얼음을 깨서 밥을 한다. 물이 없으니까 샤워도 못 하고, 겨우 뒷물 정도 하는데, 그 뒷물도 눈으로 할 때가 많았다. 손으로 얼음을 깨고, 눈을 뭉쳐야 하니 손이 시렸다. 손으로 전달되는 그 고통스런 느낌에서 자연과 하나가 된다. 시린 느낌을 겪으면서 자연 속으로 들어간다. 천지와 감응되는 것이다.

자연을 통해서 천심天心과 지심地心을 느낀다. 천심, 지심을 알아야 도를 느끼는 것 아니겠는가. 중노릇을 하려면 자연 속에 푹 파묻혀서 어느 정도 세월을 보내는 것이 필요하다는 사실을 나는 달마산에 와서 알았다. 편하게 살면 고통을 모르고, 자연을 모르고, 도를 모른다."

자연에서 채우는 영적 에너지 6

일몰을 보다 _ 불교 경전 『관무량수경觀無量壽經』에 보면 16가지 관법觀法이 나온다. 관법은 도 닦는 방법을 일컫는다. 그 첫 번째가 바로 일몰관日沒觀이다. 석양의 해를 바라보는 방법이다. 뜨는 해는 잠깐이지만, 지는 석양은 한 시간 가까이 볼 수 있다. 대낮의 태양은 눈이 부셔 바라볼 수 없다. 그러나 저녁 무렵의 석양은 눈이 부시지 않아 눈으로 감상할 수 있다. 석양을 한 시간 정도 바라보면 평화로운 마음이 든다. 마음이 가라앉는다. 내가 받은 상처, 내가 알게 모르게 다른 사람에게 준 상처가 마음속에 켜켜이 쌓여 있다. 이 상처들이 치유 받는 시간은 석양을 바라볼 때이다. 그래서 16관법 중에 제1번에 올려놓은 듯싶다. 공허함과 상처를 치료하려면 명산에 올라와 석양을 봐야 한다. 그것도 장엄한 장소에서 봐야 효과가 있다. 장엄함을 자주 겪을수록 마음이 펴진다. 마음의 주름살을 깔끔하게 정리해주는 것은 역시 자연밖에 없다.

검정 돼지가 숭어를 껴안다,
영지로 이끈 영몽

법조 스님이 빈터로 남아 있었던 달마산 도솔봉에 와서 암자를 짓게 된 사연이 있었다. 2002년 오대산 상원사에서 기도를 드리고 있었다고 한다. 그런데 신통한 꿈을 세 번이나 연거푸 꾸었다. 첫 번째 꿈은 '놋쇠 요강'이 나타났다. 나중에 생각해 보니 오래된 터로 이사 가는 꿈이었다. 옛날에 요강은 여행 다닐 때 휴대하고 다니던 물품이었다. 화장실이 멀리 떨어져 있으니까 방에 요강을 두고 잠을 잤던 것이다. 놋쇠는 오래되었다는 뜻으로 해몽했다. 두 번째 꿈은 밑에 소沼가 있고, 그 위 절벽에 칡넝쿨이 있어서 거기에 스님이 매달려 있었는데, 시커먼 용이 소에서 올라와 스님 어깨에 기대는 꿈이었다. 도솔암 터에 와서 보니까 법당 터 밑에 물이 나오는 샘터가 있고, 이 샘터 위로는 절벽이니까, 꿈에 본 장면하고 도솔암 터가 맞아 떨어졌다.

세 번째 꿈은 바닷가에서 숭어가 펄쩍펄쩍 뛰어 오르는데, 모래사장을 한참 지나고 보니까, 검정 돼지가 나타나 그 숭어를 껴안았다. 한참 후에 그 검정 돼지가 50대 남자로 변하는 꿈이었다. 이 세 번째 꿈은 미래를 예시하는 꿈으로 해석되었다고 한다. 이처럼 경관이 기가 막히고 영험한 터는 반드시 꿈이 있기 마련이다. 영지靈地는 영몽靈夢을 꾸게 만든다. 진도와 완도 앞바다에서 올라온 해무海霧가 끼어 있는 달마산 도솔암의 숲길. 군데군데 피어 있는 붉은색의 철쭉꽃을 보면서 한국이 비록 작은 나라이지만 명산이 많고, 가볼 데가 많은 땅이라는 사실을 다시 한 번 확인했다.

달마산은 '땅 끝 산'이다. 더 이상 갈 데가 없다. 더 가면 바다이다. 산이 바다를 만나 기운을
만든다. 화기와 수기의 교류가 그것이다.

_ 거대한 바위들이 창검처럼 직립으로 솟은 달마산이 미황사를 내려다보고 있다.

_ 도솔암의 수행은 겨울이 제격이다. 혹독한 추위에 살을 베는 듯한 시린 느낌이야말로 천지와의
감응이라 할 수 있다.

천 년 전
신화 속을 거닐며
문득 삶을
관조하다

용이 살던 늪지대에 들어선 한국불교의 성지
양산 영축산
통도사

삼보三寶 사찰이라 하면 양산 통도사, 합천 해인사, 순천 송광사를 가리킨다. 불보佛寶는 통도사이고, 법보法寶는 해인사, 승보僧寶는 송광사이다. 세 군데 모두 한국에서 규모가 큰 사찰에 해당한다. 해인사는 절의 느낌이 속세와 멀리 떨어져 있다는 느낌이 들 정도로 맑고 깨끗한 기운이 있다. 내륙 깊숙한 산속에 위치한 데다 해인사를 품은 가야산이 1,000m가 넘는 날카로운 바위산이기 때문이다. 가야산은 오행으로 보면 화체火體의 산이다. 불꽃이 이글거린다. 정신이 번쩍 나는 산이다.

반대로 송광사는 아주 부드럽다. 넉넉하고 편안한 감을 주는 절이다. 조계산이 흙이 많이 덮여 있는 육산이라서 산세가 부드럽다. 그래서 나온 우스갯소리가 '해인사에서 3년 살면 주먹이 되고, 송광사에서 3년 살면 새색시가 된다'는 말이 있을 정도이다. 주먹이 된다는 것은 돌산인 가야산의 정기를 받으면 그만큼 강건한 기운으로 충만해진다는 말이다. 강건한 기운이 있어야 화두를 뚫을 것 아닌가! 송광사는 새색시처럼 유순한 기운이므로 포용하는 덕이 있다. 포용이 어디 쉬운가?

통도사는 해인사와 송광사를 합쳐놓은 것 같은 분위기이다. 뒷산인 영축산靈鷲山은 1,000m가 넘는 높은 바위산이다. 낮은 산이 아니다. 그러면서도 영축산이 병풍처럼 통도사를 한 바퀴 둘러싸고 있다. 날카롭게 솟아 있는 것이 아니라 어떻게 보면 대나무 소쿠리처럼 사찰을 둘러싸고 있는 점이 묘미이다. 바위산의 강건함이 있으면서도 동시에 소쿠리처럼 포용하는 형세를 취하고 있는 것이다. 강건함과 폭넓은 포용력을 두루 갖추고 있는 산이 영축산이고, 통도사의 가풍이다.

통도사를 처음 개창한 인물은 자장 율사慈藏律師이다. 그는 원효보다 한 세대 위이다. 원효의 선배 세대라고 보아야 한다. 통도사와 그리고 통도사 내에 있는 암자인 자장암은 그의 안목으로 잡은 터이다. 터를 보면 안목의 정도를 안다. 자장암은 어떤 터인가. 자장 율사는 636년에 중국으로 유학을 갔고, 643년에 신라에 귀국했으므로 자장암은 643년 이후에 세워진 암자로 추정된다.

통도사 대웅전 앞 구룡지에 비가 내린다. 가뭄에도 절대 마르지 않는 신비한 연못이다.

영축산이 대나무 소쿠리처럼 통도사를 둘러싼 풍경. 강건함과 폭넓은 포용력을 두루 갖추고 있는 산이 영축산이고, 통도사의 가풍이다.

이미 그는 당나라의 정신적 지주였던 종남산終南山을 비롯해 여러 유명 사찰들을 둘러보고 난 다음이었으므로 안목이 국제화된 상태였을 것이다. 게다가 수도를 해서 몸의 기경팔맥奇經八脈이 열리고, 정신세계가 확장되면 산세를 보는 안목이 범인과는 다르게 된다. 반경 30리 안에서 일어나는 산천의 기운 작용을 감지하는 능력이 생기는 것이다. 보통 사람은 눈앞의 산봉우리만 보지만, 인천안목人天眼目을 갖춘 도인은 주변 30리까지 산천의 기운이 뻗치는 모습을 보는 법이다. 통도사를 건립하기 전에 자장 율사는 처음 자장암 터에 머물렀다고 한다.

성스러운 세계로 들어가는 문, 금강계단

통도사는 '통만법通萬法 도중생度重生'에서 그 이름이 유래했다. 만법을 통해 도를 깨달은 다음에 중생을 제도한다는 뜻이리라. 그래서인지 통도사는 우리나라 불교사찰의 종가라고 부른다. 불지종가佛之宗家이다. 통도사 경내에는 본사 외에도 12~13개의 암자가 있다. 암자 하나 하나의 크기도 어지간한 사찰의 규모에 해당한다. 대찰이다. 통도사는 한국에서 가장 큰 절이다. 억불정책의 조선시대에 통도사는 유교인儒教人들로부터 집중적인 견제를 받았다. 견제는 종이와 차를 왕실에 바치라는 공출을 통해서 이루어졌다. 통도사 승려들이 종이 만들고, 찻잎 따서 차를 만들어 올리느라고 이루 말할 수 없이 고생했다. 하도 징글징글해서 경내에 있는 차나무와 종이 만드는 닥나무를 모두 갈아엎어 버렸다고 전해진다.

통도사가 한국불교의 종가宗家에 비유되는 또 하나의 이유는 금강계단金剛戒壇이 있기 때문이다. 신라 7세기 중반 무렵부터 스님이 되려고 하면 금강계단에서 계율을 받는 의식을 치러야만 효력(?)이 발생했다. 통도사 금강계단을 통해야만 스님이 될 수 있었던 것이다.

계율을 지켜야만 고요한 상태에 들어갈 수 있고, 고요해야만 지혜가 생긴다. 수행자의 첫 단계가 계율을 지키는 것이다. 계율을 안 지키면 성스러운 세계에 들어갈 수 없다고 보는 것이 불교이다. 신라의 자장 율사慈藏律師 때부터 이어져온 계율 의식이 보존된 곳이 통도사이고, 통도사의 핵심은 금강계단이다. 금강계단은 한국불교의 성지聖地이다. 성지는 종교적 영험을 간직한 곳이다. 영험은 어떤 장소에서 나오는 것일까? 자장 율사는 왜 여기에 금강계단을 만들었을까?

전설에 따르면 금강계단 자리는 원래 늪지대였다. 늪지대를 흙으로 매립하여 금강계단을 만든 것이다. 한국 불교사찰의 창건 설화를 보면 늪지대를 메워 그 위에 절을 지은 예가 여러 군데서 발견된다. 익산의 미륵사지도 원래 물이 고여 있던 늪지대였고, 김제의 금산사 터도 늪지대였다. 장흥의 보림사, 치악산 구룡사도 그렇다. 늪지대를 메워 절을 지은 대표적인 사례가 바로 통도사이다. 왜 물이 고여 있는 자리에 성스러운 절(금강계단)을 지었을까?

보통 집터를 잡을 때는 지하로 물이 흐르는 수맥水脈자리는 피하고 본다. 물이 흐르는 곳은 금기에 속한다. 수맥이 흐르는 자리에 집터를 잡고 살면 우선 건강이 나빠진다. 물이 흘러가면서 파생시키는 그 어떤 에너지 파장이 인체의 고유한 생체 리듬을 흐트러뜨리기 때문이다. 물이 고여 있는 곳은 피하는 것이 상식이다. 그런데 왜? 고대 불교사찰 창건 설화에 보면 늪지대에는 용龍이 살고 있었던 곳으로 설명된다. 고승과 용은 이 터를 두고 서로 대결한다. 자장 율사도 도력을 써서 구룡신지九龍神池에 살고 있던 아홉 마리 중 여덟 마리의 용들을 쫓아내고 절을 짓는다. 그 용들 가운데 마지막 한 마리는 남아서 자장 율사에게 항복하고 절을 지키는 신장으로 남는다는 설화다.

통도사 대웅전 앞에도 둥그런 모습의 연못이 있고, 영산전靈山殿 앞에도 작은 연못이 있다. 마지막 남은 용 한 마리가 살 수 있도록 배려한 장치이기도 하다. 대웅전 앞의 구룡지九龍池가 용이 들어가는 입구라 한다면 약간 떨어진 거리의 영산전 앞의 구룡지는 용이 빠져 나오는 출구에 해당한다.

서양에서 용은 악한 동물이다. 그래서 용을 때려잡는 사람이 영웅이 된다.
그러나 동양에서 용은 물을 지배하는 수신水神이다. 기우제를 지낼 때에도
용신에게 제사 지내는 게 아시아의 고대 제의祭儀였다. 가뭄이 들어
사람이 전부 죽게 생겼을 때 비를 내려달라고 빌었던 대상이 용이었다.
신격화된 용의 역할은 불교가 들어오면서 부처로 전환된 것은 아닐까?

구룡지가 한 개가 아닌 두 개, 짝으로 되어 있다는 점을 주목해야 한다. 용은 지상에 없는 동물이다. 열두 띠 가운데 지상에 없는 상상의 동물이 바로 용이다. 그런데 우리나라 고대신화와 불교 사찰에는 용에 관한 전설이 많이 남아 있다. 허구의 동물을 위해서 연못을 두 개나 마련했을 정도다. 허구라면 왜 이렇게 광범위하게 동양 신화와 전설에 등장하는가?

토착신앙인 용과 부처와의 만남

서양신화에서는 용이 사악한 동물로 묘사된다. 인간에게 해를 끼치는 동물이다. 그래서 서양신화에서는 용을 때려잡는 인물이 영웅이 된다. 서구에는 날개 달린 용들이 많다. 이 날개 달린 거대한 괴물이 하늘을 날아다니면서 인간을 잡아채가거나, 가축을 물어가고 인간에게 피해를 끼친다. 서양 영화에 묘사되는 용들의 이미지가 대개 그렇다. 그러나 동양에서 용은 사악한 동물이 아니다. 제왕 또는 군왕의 이미지다. 그 모양도 서양과 다르다. 공중을 날아다니는 날개 달린 모습이 아니다. 대개 물에서 사는 영물로 묘사된다.

동양에서 용은 물을 지배하는 수신水神으로 묘사된다. 바다, 호수, 강물에서 사는 동물이 용이다. 그래서 기우제를 지낼 때에도 용신에게 제사 지내는 게 아시아의 고대 제의祭儀였다. 가뭄이 들어 사람이 전부 죽게 생겼을 때 비를 내려달라고 빌었던 대상이 용이었다. 이런 맥락에서 서양의 용과 동양의 용은 전혀 의미가 다르다. 아시아는 농경사회였다는 점에 그 비밀이 있다. 농사에서 가장 필요한 요소가 바로 물이다. 수경농법인 벼농사가 대표적이다. 비가 오지 않으면 쌀농사는 불가능하다. 쌀이 없으면 굶어 죽는다.

서양은 동양처럼 농경사회가 아니었다. 물론 서양도 곡식은 필요하다. 그러나 목축의 비중이 동양보다 컸고, 무역을 해서 먹고 사는 교역도 큰 비중을 차지했다. 농경사회인 아시아에서 쌀은 물에서 생산되고, 물을 지배하는 고대의 신은 용이었다. 용신龍神이 밥줄을 쥐고 있었다. 과학자들의 연구에 의하면, 운석충돌로 인해 다른 공룡들이 대부분 멸종된 상황에서 물속에 살던 공룡인 수룡水龍들은 늦게까지 살아남았고, 수룡들이 아마도 고대사회에서 신격으로 숭배되었던 것으로 추측한다.

그렇다면 불교가 생기면서 용신의 역할이 부처로 전환되었을 것이라고 추측해 볼 수 있다. 우리 고대어에서 용을 '미르'라고 불렀다. '미리내'는 용천龍川의 뜻이다. 물을 의미하는 고대어가 '미'다. '미역', '미나리', '미숫가루', 그리고 일본어의 '미즈'가 모두 물과 관련 있다. 미르도 마찬가지이다. 한자의 미륵彌勒도 그렇다. 그 발음이 공교롭게도 '미르'와 비슷하다. 이렇게 놓고 본다면 '미르'가 '미륵'으로 대치된 것 아닌가 생각해 볼 수 있다.

미륵불교가 들어오면서 용이 살던 늪지대에 미륵불을 모시는 법당이 들어선 것이 그러한 추측의 증거로 삼을 수 있다. 미르가 미륵이 된 셈이다. 통도사의 구룡신지에 살던 용들을 쫓아내고 자장 율사가 절을 지은 것도 같은 맥락이다.

통도사는 지형이 특수하다. 영축산은 해발 1,000m가 넘는 고산이다. 그런데 영축산 아래로는 200~300m의 그리 높지 않은 봉우리와 언덕들이 포진한 형국이다. 봉우리 중간 중간에서 물이 솟는다. 고지대에서 물이 나오는 지형이 통도사 전체 지형이다. 이 점이 특이하다. 산 중턱쯤의 높은 지대에서 자연적으로 물이 솟기 때문에 산중에서도 농사가 가능하다. 그래서 통도사 경내에는 물로 농사를 지을 수 있는 땅이 600마지기 정도 된다고 한다. 600마지기의 농토는 통도사가 자체적으로 자급자족할 수 있을 만큼 충분하다. 외부 조달을 할 필요가 없다. 가뭄에도 항상 물이 마르지 않기 때문에 여간해서는 흉년이 들지 않는다. 통도사 지형이 지닌 이러한 특수성을 그대로 나타내는 사례가 바로 구룡신지다. 구룡신지의 물도 지하의 수맥을 통해서 솟기 때문에 가뭄에도 마르지 않는다.

통도사 경내에 농사지을 수 있는 자연샘물이 풍부하다는 점이 용과 관련 있다고 본다. 농사지을 수 있게 해주는 물을 지배했던 수신이 용이라 하면, 통도사 터는 용이 지배하는 터인 것이다. 그러다가 불교가 들어오고 자장 율사가 터를 잡으면서 그동안의 토착신앙이었던 용 신앙에서 불교의 부처 신앙으로 전환하는 계기가 되는 것으로 해석해야 하지 않나 싶다.

따라서 용이 살던 지점에 법당을 짓는 것은 자연스러운 전환이다. 즉 용이 살던 늪지대에 절을 짓는 것은 땅에서 올라오는 지기地氣와는 관련이 없다. 토착신앙의 대상인 용이 살았다는 점이 더 중요한 사실이다. 고대적 사유에서 보자면 용이 거처하던 곳이 신령한 장소이다. 이 신령한 장소에 부처가 들어서는 것은 당연한 이치다.

— 자장암 동굴 속에 사는
금개구리

통도사의 구룡신지 전설과 관련해서 또 하나 짚고 넘어갈 대목은 개구리다. 통도사 산내 암자인 자장암慈藏庵에는 금와보살金蛙菩薩 전설이 전해진다. 자장암 법당 뒤편의 커다란 바위에는 손가락이 들어갈 만한 작은 구멍이 있고, 이 바위 구멍 속에 금개구리가 산다는 전설이 전해진다. 1,300여 년 전부터 자장 율사가 기르기 시작했다는 개구리다. 실제 금개구리 사진이 촬영되어 있다. 이 금개구리가 금와보살로 거의 신격화되다시피 했다. 개구리는 종교적 영험의 사례이자 신도들에게는 숭배의 대상이다.

통도사에서는 왜 개구리가 숭배의 대상이 되었는가? 다른 절에는 이런 사례가 없다. 이 점도 흥미롭다. 나는 구룡신지의 용과 자장암 바위구멍의 금와보살은 하나의 대구對句라고 본다. 대구는 반대이면서도 공통점이 있다. 용과 개구리는 물과 관련 있다는 공통점이 있다. 하늘에서 비를 내리는 존재가 용이라면, 지상에서 그 비를 가장 직접적으로 받아먹는 존재는 개구리다.

몇 해 전 중국 장가계의 소수민족 왕이 살았던 궁궐을 답사한 적이 있

_ 대웅전 앞의 구룡지가 용이 들어가는 입구라 한다면 거기서 약간 떨어진 영산전 앞의 구룡지는
용이 빠져 나오는 출구이다.

다. 그 궁궐 지붕의 빗물이 떨어지는 처마 밑에는 용의 모습이 조형되어 있었고, 아래 땅에는 용의 입을 통해서 떨어지는 빗물을 받아먹으려고 개구리가 하늘을 향해 입을 벌리고 있는 형상이 만들어져 있었다. 용의 입을 통해 하늘에서 빗물을 떨어트리면 땅에서는 개구리가 입을 벌리고 물을 받아먹는 구조였다. 용과 개구리는 세트였다. 이를 통도사에 대입하면 그대로 적용된다. 구룡신지의 용이 내리는 빗물을 자장암의 금개구리가 받아먹는 구조인 것이다. 고대 신화에서 하늘에 있는 수신이 용이었다면, 땅에 있는 수신을 개구리로 상정할 수 있다.

생사의 파도를 헤쳐
극락으로 이끄는 지혜의 용

불교가 전래되면서 용은 고승에 의해서 제압된다. 말 안 듣는 용을 쫓아내고, 말 잘 듣는 용은 데리고 쓴다. 이를 '조복調伏 받는다'고 표현한다. 용은 부처를 지키는 신장, 즉 보디가드가 되는 것이다. 용이 보디가드가 된 대표적인 사례가 바로 '반야용선般若龍船'이다. 차안에서 피안으로 갈 때, 사람이 죽어서 이승을 떠나 저승으로 갈 때는 물을 건넌다고 생각했다. 이집트 신화에서도 하늘의 강, 즉 은하수를 건넌다고 생각했다. 물을 건널 때는 배를 타야만 한다. 배가 시원찮으면 가다가 물에 빠져 죽는다. 안전한 배는 무엇인가? 이승에서 저승으로 갈 때 가장 안전하게 망자를 건네주는 배는 어떤 배인가?

불교에서는 그 배를 '지혜의 용이 끄는 배'라고 생각했다. 물을 담당하는 수신인 용이 이끄는 배가 가장 안전한 것이다. 더구나 그 배는 불교의 이치를 공부해서 지혜를 터득한 용이다. 멍청한 용이 아니다. 이것이 '반야용선'이다. 이 반야용선을 타면 가장 안전하게 저승길을 갈 수 있다고 믿었다. 용이 불교의 사상체계 속에 가장 자연스럽게 포섭된 경우이다. 토착신앙과 불교의 이상적인 조화를 이룬 대목이 바로 용이 등장하는 반야용선이다.

통도사 극락전 벽에는 반야용선 그림이 잘 그려져 있다. 극락으로 가는 뱃길을 용이 인도하는 배에 중생들이 타고 있는 모습이다. 국내 어느 사찰에 있는 반야용선도보다 크고 잘 그려진 불화이다. 뱃머리 앞은 용의 머리로 장식되어 있다. 앞부분에는 인로왕보살이 타고 있고, 배의 뒷부분에는 지장보살이 서 있다. 가운데에 철없는 중생들이 타고 있다. 커다랗게 그려져 있는 인로왕보살과 지장보살이 앞뒤에서 돌보고 있다.

가운데 조그맣게 그려져 있는 무명 중생들을 보호하면서 위험한 파도를 헤치며 물을 건너는 형국이다. 생사의 파도를 헤치며 무사히 극락으로 인도해주는 운송수단인 배가 바로 용이다. 통도사는 경내 구석구석 용의 신화가 살아 있는 영지이다.

_ 통도사 대웅전은 특이하게도 네 방위마다 각각 다른 이름의 편액이 걸려 있다. 동쪽은 대웅전, 서쪽은 대방광전, 남쪽은 금강계단, 북쪽은 적멸보궁이다. 사진은 부처님 사리탑을 마주보는 적멸보궁이다.

_ 통도사 극락전에 그려진 반야용선. 용이 인도하는 극락으로 가는 배에 중생들이 타고 있는 모습이다.

_ 반야용선을 이끄는 용은 불교의 이치를 공부해서 지혜를 터득한 신물神物이다.

양산 영축산 통도사

거대한 통바위로
뭉쳐진 계룡,
때를 알리는
산

13

김일부가 '후천개벽' 깨달음을 얻다
계룡 국사봉
향적산방

인생을 살면서 가장 어려운 문제 가운데 하나가 타이밍을 잡는 일이다. 가장 적절한 타이밍이 언제인가? 이것을 공자는 시중時中이라고 했다. 50대 후반부터 14년 동안 밥 얻어먹으면서 떠돌이 생활을 경험했던 공자도 자기 인생에서 제일 어려운 게 '시중'이라고 고백했다. 주식을 사고 팔 때도 그렇지만, 지금 내 인생에서 '치고 나갈 때인가? 아니면 스톱할 때인가?'를 수시로 결정해야 한다.

고와 스톱의 문제를 눈앞의 현실에서 잘 보여주는 사례가 대선 때이다. 전 국민이 그 판단력을 지켜볼 수 있는 것이 선거이다. 이런 점에서 선거는 전 국민을 훈련시키는 판단력 테스트이기도 하다. 지난 선거에서도 안철수가 서울시장에 나가야 할 것인가, 나가지 않고 박원순에게 양보하는 것이 맞았는가. 문재인과 붙어서 끝까지 갔어야 하는가, 아니면 양보하는 것이 맞았는가. 두 번 다 양보했다. 그 결과는 어떻게 나왔는가. 주변에서 아무리 양보하라고 해도 자기가 고집을 세워 끝까지 밀고 나갔어야 하는 것 아닌가. 지나서 말하기는 쉽지만 당시 상황에 맞딱뜨인 입장에서 고와 스톱을 판단하기는 쉽지 않다.

이때 정확한 판단을 하기 위해 책을 읽고, 스승을 찾아다니면서 공부하는 것이다. 이때의 한번 판단이 일생을 지해하는 수가 있다. 자잘한 판단은 실수하더라도 큰 판단에서 헛방을 놓으면 일생이 망가진다. 참 어려운 문제이다. 그러자면 지금 내 인생이 몇 시인가를 알아야 하는데 그 일이 어디 쉽던가!

개인의 인생 시간표도 알기가 어려운데, 이를 넓혀 우주사宇宙史적인 차원에서 시간을 이야기한 인물이 있다. 구한말 계룡산 향적산방香積山房에서 도통한 김일부金一夫 선생이다. 일부는 후천개벽後天開闢을 이야기했다. 그는 지금까지의 우주적 시간이 선천先天이라면, 이제부터는 후천後天이라 규정했다. 우주사의 전반전이 끝나고 후반전이 시작된다는 시간표를 제시한 셈이다. 주변 국가인 중국이나 일본에는 이처럼 거대담론인 '후천개벽' 이야기가 없다. 오직 한국에만 있는 이야기이다.

_ 계룡산 국사봉에서 내려다본 전경. 국사봉은 닭의 대가리와 용의 꼬리로 이루어진 전체
계룡산 가운데 중간 부위에 자리한다.

어떻게 보면 대단히 황당하면서도 한편으로 보면 독창적인 거대담론이 아닐 수 없다. 우주시宇宙時가 변하면 역사시歷史時가 변하고, 역사시가 변하면 인간시人間時도 변할 수밖에 없다.

그렇다면 후천개벽이라는 우주시가 새롭게 열리면 우리 인간사회는 어떻게 변한다는 말인가? 내가 1970년대에 계룡산파(정역파, 正易派)로부터 들었던 이야기가 "여자가 주인이 되는 세상이 온다.", "앞으로 아기 낳기 힘들어진다.", "한반도는 세계사의 『주역』이 된다.", "기후변화가 온다." 등이다. 김일부를 계승한 정역파의 예언 가운데 '수석북지水汐北地, 수조남천水潮南天'이라는 내용이 주목을 끈다. '북쪽의 물이 빠져서 모두 남쪽 하늘로 몰려든다'는 뜻이다.

1970년대 오대산의 탄허 스님이 국사國事에 대한 예언으로 유명했는데, 그때 스님이 심심치 않게 했던 이야기가 '앞으로 일본은 물에 가라앉는다'는 내용이었다. '일본이 물에 잠긴다'는 근거는 위의 '수석북지 수조남천'이다. 북극의 얼음물이 녹아 바닷물이 불어나면서 일본이 잠긴다는 추론을 한 것이다. 김일부의 독창적인 저술인 『정역正易』에서 나온 이야기이다. 1970년대 일본이 가라앉는다는 예언은 일본 동북대지진과 후쿠시마 핵발전소 폭발을 보면서 '수조남천'이 현실적 무게감으로 다가왔다. 동북아시아뿐만 아니라 세계사를 봐도 근세 100년 사이에 선천이 가고 '후천의 개벽(Great open)'이 온다는 우주사적인 변화를 예언한 예언자는 거의 없는 것 같다. 매일매일 주식시장에서는 수많은 예측이 쏟아진다. 그 시세 예측이라는 것도 맞지 않는 경우가 대부분이다. 그러나 계룡산에서 5만 년 단위의 예측이 나왔으니 어찌 독특한 일이 아니겠는가. 한국의 영발도사靈發道士 문화의 유구한 축적에서 나온 예언인 셈이다.

_ 우주적인 차원에서 미래를 예측한 김일부 선생이 도를 통한 곳이지만 지금은 초라한
판잣집 신세가 향적산방.

거대한 통바위로 뭉쳐진 계룡,
때를 알리는 산

계룡산 향적산방을 찾아간 이유는 김일부가 도통한 지점이기 때문이다. 쓰레기를 매립한 난지도 같은 곳에서 도통하기는 어렵다. 영지에서 도통한다. 그래서 도사는 땅의 기운이 뭉쳐 있는 영지를 찾아간다. 계룡산은 산 전체가 영지이다. 산 전체가 통바위로 이루어져 있기 때문이다. 바위가 거대한 덩어리로 되어 있을수록 뿜겨져 나오는 기운도 강하다. 바위의 기운이 강해야만 이 기운을 받아서 스케일이 큰 사상을 품게 된다.

'계룡鷄龍'은 이름부터가 특이하다. 어떤 의미인가. 닭은 시간이 되면 우는 동물이다. 새벽이 왔음을 알려준다. 때가 도래했음을 알려준다. 용은 어떤가. 조화를 부리는 영물이다. 힘이 있다. 용이 하늘로 날아오르면 '비룡재천飛龍在天'이다. 이때 온갖 재주를 부린다. 닭과 용을 합했다는 것은 '때가 오면 힘을 쓴다'는 의미이다. 그렇다면 계룡은 '때'를 알리는 산이다. 후천개벽의 교과서인 『정역』은 바로 이러한 의미를 담고 있는 계룡산에서 나왔다. 지금부터 3,000년 전에 주나라의 문왕이 『주역』을 만들었다면, 3,000년 후에 계룡산에서 김일부에 의해 업데이트 판인 『정역』이 나왔다고나 할까.

향적산방은 계룡산 국사봉國師峰 올라가는 6부 능선쯤에 자리 잡고 있다. 전체적으로 볼 때 계룡산은 앞쪽 바위 절벽이 솟아 있어서 닭의 머리로 본다. 닭은 볏이 있지 않은가. 솟은 암벽이 닭볏 모양으로 본다. 그 뒤쪽으로는 비교적 완만한 능선이 연산連山 쪽으로 길게 이어져 있다. 연산 쪽의 산줄기는 용의 꼬리에 해당하는 셈이다. 국사봉은 닭의 대가리와 용의 꼬리로 이루어진 전체 계룡산 가운데 중간 부위에 있다. 용의 엉덩이뼈 근처다. 이 돌출된 용의 엉덩이뼈가 국사봉이다.

국사봉이라는 명칭도 재미있다. 우리나라 여러 군데에 국사봉이 있다. '국사가 나온다'는 뜻일까. 불교가 국교였던 고려시대에는 국사國師나 왕사王師가 있었다. 조선시대로 오면서 불교는 직위해제되고 유교가 국교가 되었다.

조선시대의 국사는 '국지사國地師'를 뜻한다. 왕실 전용 지관地官이 국지사이다. 조선시대에는 고려시대에 고승들이 담당하던 풍수지리의 영역을 과거시험에 합격한 중인층의 지관으로 대체했다. 지관 가운데 실력 있는 고수로 인정받으면 왕실 전용 지관으로 대접받았다. 이것이 '국지사'이다.

조선시대에 생긴 국사봉들은 대개 국지사들이 왕실의 어명을 받고 그 지역으로 내려가 전체 지세를 관망하던 '뷰포인트'들이다. 왕자의 태胎를 담은 태실胎室을 미리 확보하기 위해서, 또는 전국에 특별한 명당이 어디에 있는지를 평소에 파악해 두기 위해서 왕실에서 국지사를 현장에 파견했던 것이다. 그러니까 국사봉이란 이름이 나오게 된 계기는 풍수지리를 보던 국지사들이 올랐던 봉우리라는 뜻에서 붙여진 이름이다. 계룡산 국사봉은 전국에서 매우 특별한 위치에 있는 국사봉이다. 전국 '국사봉의 왕'이다. '국사가 나온다'는 뜻과, '국지사가 올라간 봉우리'란 뜻도 아울러 지니고 있다.

거북바위에서 깨친 김일부, 『주역』의 업데이트판『정역』을 완성하다

김일부가 이곳 국사봉 자락에서 공부해 『정역』을 완성한 것도 범상치 않은 인연이다. 후천개벽의 새 도수度數를 짜는 국사가 나온 셈이니 말이다. 김일부가 공부한 향적산방에서 눈여겨보아야 할 것이 있다. 먼저 향적산방 터 앞의 안산案山 모양이다. 안산은 그 터 앞에 책상처럼 놓여 있는 산을 가리킨다. 터와 가장 가까운 위치에 있기 때문에 그 터에 직접적인 영향을 미치는 요소이다. 안산이 어떻게 생겼느냐에 따라 발복發福의 유형과 장단이 다르다. 제일 좋은 안산의 모양은 일자문성一字文星이다. 한 일一 자로 생긴 모습의 산을 말한다. 평평한 테이블처럼 생긴 모습이다. 이를 보통 토체土體라고도 부른다. 이런 모양의 안산이 있으면 군왕이 나온다고 본다. 집 앞에 토체 안산이 있으면 '여기는 군왕이 나올 곳이구나' 하고 옛날 지관들은 짐작했다.

_ 우백호 쪽의 바위는 용의 머리처럼 보여 용바위라고 한다.

_ 용바위를 위에서 내려다보니 꿈틀꿈틀 강한 힘이 느껴진다

터만 보고도 그 집 주인의 격格을 아는 것이다. 전국을 돌아다녀 보면 이처럼 토체로 평평한 안산을 찾아 보기 쉽지 않다.

토체는 왜 군왕의 모양인가. 우선 점잖기 때문이다. 사주팔자에 토土가 있어야만 신심이 있다. 토가 없으면 신심이 약하다고 본다. 신심은 상대를 믿는 마음이다. 따라서 팔자에 토가 많은 사람은 약속을 잘 지키는 경향이 있다. 토가 없으면 조삼모사朝三暮四가 될 수 있다. 신뢰는 토에서 나온다. 군왕은 신뢰를 주는 사람이다. 여러 사람에게 신뢰를 주고 믿음을 주어야 덕이 있는 것이고, 덕이 있다는 것은 신뢰를 준다는 말이다. 이런 사람은 군왕의 자질이 있는 것이다. 그러므로 산의 모양도 토체로 되면 그런 터에서는 자연히 신뢰를 주는 인물이 배출된다고 여겼다. 물아일체物我一體요 산인쌍수山人雙修이기 때문이다. 산과 사람은 같이 팔자로 돌아간다고 보는 것이 동양의 세계관이다. 향적산방 앞에는 교과서적인 토체 안산이 자리 잡고 있다는 점이 눈여겨보아야 할 대목이다. 내가 보기에 100만 달러짜리 안산이다.

또 하나는 청룡 백호가 짜임새가 있다는 점이다. 청룡과 백호는 형제간과 같다. 위기 상황에 빠졌을 때는 형제간이 도와주는 수가 있다. 청룡과 백호는 부도났을 때 가족의 생활비를 도와주는 형제간의 역할과 같다. 향적산방의 좌청룡과 우백호는 바위맥으로 이루어져 있다. 정확히 말하면 내청룡과 내백호에 해당한다. 이 바위맥이 양쪽에서 터를 감싸고 있는 점이 아주 아름답다. 힘이 느껴지기 때문이다. 특히 우백호 쪽의 바위는 그 모습이 용의 대가리 모습처럼 보이기도 한다. 동네 사람들은 이 바위를 용바위라고 부른다.

그러고 보니 향적산방에는 바위가 많다. 산방 올라가는 초입에 길을 가리키는 안내간판이 있는데, 거북바위, 용마바위, 호랑바위가 있다고 쓰여 있다. 거북바위는 산방 바로 옆에 있다. 넓적하면서 둥그런 바위가 있고, 그 바위 아래에는 서너 사람이 앉을 수 있는 공간이 있다. 앉아서 명상을 하거나 기도하기에는 안성맞춤의 바위이다. 구전에 의하면 일부 선생이 거북바위에서 도를 통했다고 한다. 향적산방이 있게 된 계기도 바로 이 거북바위였던 셈이다.

—   조선의 도맥,
서경덕 이지함 이서구 이운규 김일부로 이어지다

일부 선생이 도통한 내용은 '영동천심월影動天心月'로 모아진다. 이게 무슨 말인가. 일부의 스승이 있다. 연담蓮潭 이운규李雲奎라고 알려져 있다. 이운규가 일부의 비범함을 보고 앞일을 예언한 시를 하나 주었는데, 그 구절이 바로 '영동천심월'이다. '그림자가 하늘의 달을 움직인다'는 의미이다. 이 구절을 받은 36세의 김일부는 밤이나 낮이나 그 의미를 궁구했고, 관촉사 미륵불 앞에서 항상 기도했다고 한다. 그러다가 국사봉 아래로 옮긴 것이다. 그러니까 '영동천심월'의 의미는 김일부에 의해서 개벽사상으로 정립되었다고 보아야 한다. 영동천심월의 구체적 내용은 『정역』에 있다. 『정역』은 『주역』의 64괘와, 10간 12지, 60갑자, 그리고 한자문화권에서 전래되어 오던 고천문학占天文學, 사서삼경, 풍수도참 등이 용해되어 있는 데다가, 그것들이 종횡으로 씨줄 날줄로 정교하게 엮여 있어서 공부하기가 매우 어렵다. 보통 사람은 이해하기 어렵고, 특히 동양고전과 역학에 어두운 현대인들로서는 무슨 암호나 난수표같이 막막한 느낌을 준다.

　　　이운규의 스승도 있다. 조선 정조 때 규장각 사검서로도 활약했던 이서구李書九이다. 이서구는 유학자이기도 했지만 도가 쪽 인물이기도 하다. 그는 은밀하게 도가 쪽 인물들과도 교류했다. 이서구에 대해 전승되는 이야기를 들어 보면, 그는 도력을 지닌 상당한 급수의 도사였다. 이서구의 사상적 스승을 소급해 올라가면 토정 이지함 선생이다. 토정의 맥은 결국 화담 서경덕까지 닿아 있다. 서화담에서 시작된 조선의 도맥이 토정, 이서구, 이운규를 거쳐 김일부에게까지 내려왔고, 구한말 국사봉 아래에서 『정역』으로 열매를 맺었다고 봐야 한다.

　　　일부 선생 당대에는 향적산방이라는 건물은 없었을 것이고, 이 이름은 경성제대 조선어학과를 나와 한국전쟁 이후에 충남대에서 교수생활을 하고 후일 총장까지 지냈던 학산鶴山 이정호李正浩 선생이 이곳에 거처를 지으면서부터 시작되었다. 전쟁 이후의 어수선하고 배고픈 상황에서도 학산은 여기에 집을 짓고 제자들을 가르쳤다. 1950년대 중반부터이다. 대략 40~50명의 제자들이 여기에서 공부했다고 한다. 내가 『정역』을 배운 삼정三正 권영원權寧遠 선생도 당시 향적산방에서 이정호 선생을 모시고 정역 공부를 했었다. 정신문화연구원장을 지냈던 고故 류승국 선생도 이때 학산 선생 밑에서 공부하던 멤버였다.

　　구한말 김일부의 맥이 동학과 일제 강점기 36년을 거치면서 구전심수口傳心授로 지하에서 이어져 오다가 한국전쟁 이후 비로소 이정호를 통해 지상으로 드러난 것이다. 당시 20~30대의 팔팔하고 영민한 젊은이들을 모아서 밥도 해먹이고, 고전도 가르치는 독특한 아카데미가 국사봉 아래에서 형성되었다. 권영원 선생으로부터 들은 바에 의하면 이 시기에 향적산방에서 천문天文을 보는 법도 공부했다고 한다.

　　"어떻게 천문을 봅니까?"

　　"우선 잠이 없어야 해. 별을 보려면 새벽 3~4시까지 잠을 자지 않는 경우도 있기 때문에 밤잠이 적어야지. 두 번째는 감기에 잘 걸리지 않는 체질이 유리했지. 별은 겨울에 잘 보여. 추운 겨울에 산방 바깥에 나와서 별을 봐

자연에서 채우는 영적 에너지 7

책을 읽고 스승을 찾다 _ 인생을 살면서 가장 어려운 문제 가운데 하나가 타이밍을 잡는 일이다. 가장 적절한 타이밍이 언제인가? 이것을 공자는 시중時中이라고 말했다. 50대 후반부터 14년 동안 밥 얻어먹으면서 떠돌이 생활을 경험했던 공자도 자기 인생에서 제일 어려운 게 '시중'이라고 고백했다. 주식을 사고 팔 때도 그렇지만, 지금 내 인생에 '치고 나갈 때인가? 아니면 스톱할 때인가?'를 수시로 결정해야 한다. 이때 정확한 판단을 하기 위해 책을 보고, 스승을 찾아다니면서 공부하는 것이다. 이때의 한번 판단이 일생을 지혜하는 수가 있다. 자잘한 판단은 실수하더라도 큰 판단에서 헛방을 놓으면 일생이 망가진다.

야 하는데, 여차하면 감기 걸렸지. 그때야 뭐 오리털 점퍼도 없던 때니까. 세 번째는 시력이 좋아야지. 밤하늘의 희미한 별을 보려면 눈이 좋아야 보지."

대략 1980년대 후반까지는 이정호 선생이 향적산방에 자주 머물렀기 때문에 배우는 제자들의 출입이 있었으나, 1990년대 들어오면서부터는 『정역』을 배우겠다는 학인들이 사라지면서 한산해졌다. 지금 세상에 누가 『정역』을 배우겠다고 세간사를 때려치우고 산으로 들어가겠는가. 요즘은 산신기도 드리는 기도객들만 한두 명씩 찾아오는 형편이다. 건물도 초라하기 그지없다. 불교사찰이라면 돈을 들여서 단장을 했겠지만, 불교도 아니고 그렇다고 유교서원도 아닌 향적산방은 도와주는 사람도 없다.

춥고 배고픈 것이 도가道家의 노선이란 말인가. 후천개벽의 사상체계를 완성한 성지이건만 이제는 초라한 판잣집 신세가 된 것이다. 내가 갔을 때는 판잣집 처마에 무시래기만 주렁주렁 매달려 있는 풍경이 가슴을 저몄다. 후천개벽이 왔는데도 불구하고, 정작 개벽의 중심 성지는 아무도 보아주는 사람 없이 초라하게 숨어 있었다.

나무 바로 아래 넓적하면서 둥그런 바위가 거북바위이다.

계룡 국사봉 향적산방

_ 거북바위 밑에는 서너 사람이 앉을 수 있는 공간이 있다. 김일부 선생이 거북바위에서 도를 통했다고 전해진다.

계룡 국사봉 향적산방

이 물소리를
듣고 있는 '나'는
누구인가

보조 국사가 수도한 '청학동' 터
하동 쌍계사
불일암

우리나라에는 십승지十勝地가 있다. 중국에서는 신선이 살 만한 이상적인 명당을 동천洞天, 복지福地라고 부르지만 우리는 십승지라고 부른다. 10여 군데의 뛰어난 장소를 꼽아본다면, 지리산 운봉, 봉화군 춘양, 공주 유구·마곡, 예천 금당실, 충북 영춘면 의풍리, 상주 우복동, 풍기 금계동, 무주군 무풍면, 변산 호암壺岩, 경기 가평 설악면, 단양군 단성면 적성면 등이다.

십승지는 난리를 피할 수 있는 깊은 산골이다. 산골이기는 하되 최소한의 농사를 지을 수 있는 농토가 있는 곳이다. 십승지가 목숨이 왔다 갔다 하는 난세에 피난할 수 있는 피난지라고 한다면, 평화 시에 도를 통할 수 있는 이상적인 땅이 또 있다. 바로 청학동靑鶴洞이다. 청학동은 십승지보다 한 차원 더 높은 땅이다. 목숨을 부지하는 차원을 떠나 도를 통하고 해탈할 수 있는 신령한 땅이 청학동인 것이다. 가히 신선들이 사는 이상세계라고 할 수 있다. 청학동이 어디인가에 대한 많은 토론과 주장이 있었다. 각종 풍수지리 비결서秘訣書에 보면 '여기가 청학동이다'라는 내용이 많이 나온다. 일단 청학동은 지리산 어디인가에 있다고 되어 있다.

가장 일반적인 청학동으로는 악양이 거론된다. 지리산을 배산으로 하고 섬진강을 임수로 한 천혜의 지역이 악양이다. 뒷산에서 산나물과 각종 약초, 과일을 채취할 수 있고, 섬진강에서는 물고기를 잡을 수 있다. 거기에다 섬진강은 흘러가는 방향도 서출동류 아닌가! '서쪽에서 시작하여 동쪽으로 흘러가는 강물'인 섬진강은 명당수이다. 서출동류는 햇빛 일조량을 가장 많이 함유한다. 그래서 명당수라고 한다.

악양에는 들판도 넓어 농사가 충분하다. 현재도 전국에서 귀촌하고 싶은 첫 번째 선호지역이 악양이라고 한다. 악양에 가보면 삼면을 1,000m가 넘는 지리산의 봉우리들이 둘러싸고 있고, 그 앞을 섬진강이 감아 돌면서 남해 바다로 흘러가고 있으니 가히 '서민 청학동'이라 할 만하다. 서민들이 살 만한 이상적인 땅이라는 의미에서 '서민'자를 넣어 보았다.

'중산층 청학동'은 지리산의 '세석평전'이 아닌가 싶다. 세석평전은 해

불일암에서 300m만 더 가면 불일폭포다. 터는 나이에 따라 다르게 보인다.
내가 20대 후반 이곳에 왔을 때는 좋은 줄 몰랐다.
그러나 이제 50대가 되어 불일암에 올라와 보니 왜 진작 이 곳에
자주 오지 않았나 하는 후회가 될 만큼 아름답고 신비로운 곳이다.

발 1,500m가 넘는 자리에 위치한다. 서민이 살기에는 높은 고지이다. 어느 정도 세상과 거리를 둘 수 있는 '중산층'이 살 수 있는 곳이다. '중산층 청학동'을 지나면 한풀 선사가 말 타고 다니던 청학동이 있다. 푸른색의 학鶴이 지붕을 장식하고 있는 이곳은 '도사 청학동'이라고 할까.

쌍계사 뒤로 1시간쯤 올라가면 1만 평 규모의 드넓은 땅이 나타난다. '불일평전'이다. 여기도 청학동이다. 쌍계사에서 불일평전 올라가는 중간쯤에는 커다란 바위가 하나 있고, '환학대喚鶴臺'라는 이름이 붙어 있는 바위언덕이 있다. '학을 부르는 언덕'이라는 뜻이다. 전설에는 신라 말기의 최치원이 여기에서 학을 불렀다고 한다. 최치원이 환학대에서 학을 불러 타고 가야산 홍류동으로 날아가곤 했다는 이야기가 전해진다.

뱃사공에서 도를 터득하여 국사가 되다

쌍계사에는 진감 국사眞鑑國師의 비문이 있다. 최치원이 직접 글을 쓴 4개의 고승 비문인 '사산비명四山碑銘' 가운데 하나인 진감선사비가 쌍계사에 있다. 진감선사비문을 작성할 당시 최치원이 환학대에 자주 머물면서 비문의 내용을 구상했다고 전해진다. 진감 국사는 당나라로 유학을 가 중국불교계에서 고승으로 인정받고 신라로 돌아왔다. 최치원도 당나라 유학생 출신이다. 진감 선사나 최치원이나 당나라에서 인정받고 성공하여 귀국했다는 공통점이 있다.

재미있는 사실은 진감 선사의 출신 성분이다. 당시 당나라 유학은 아무나 하는 게 아니었다. 귀족집안 자제들이나 유학 갈 수 있는 특권이 있었다. 그런데 진감은 돈도 없고 배경도 없는 평민 출신이었다. 비문에 보면 진감은 배의 노를 젓는 '노꾼'으로 당나라 가는 배를 탔다고 되어 있다. 당시 외국 가는 배를 탈 때는 각 파트별로 임무가 정해져 있는데 그는 노 젓는 뱃사공으로 나온다. 진감은 지금의 전북 익산시 금마면 출신으로, '노'를 잘 저었던 모양이다. 그래서 뱃사공으로 채용되어 당나라로 가는 배를 탈 수 있었던 것 같다. 원래부터 유학생 신분은 아니었던 것이다. 당나라에 내리고 보니까 '나도 공부해야겠다. 출가해서 도 닦자'는 결심을 굳히고 중국의 사찰로 들어갔다. 1960년대 우리나라에서 서독에 광부나 간호원으로 갔다가 박사학위 따서 교수된 사례와 비슷하다.

최치원도 옛 백제 지역인 전라북도 옥구군 출신이다. 옥구군에는 최치원 관련 유적과 전설이 여기 저기 남아 있다. 옥구군과 금마면은 같은 전북 지역으로 아주 가까운 거리. 어떻게 보면 최치원에게 진감 국사는 같은 고향 사람이자 당나라 유학 선배이기도 하였다. 그래서 진감 국사가 신라에 돌아와 터를 잡고 머무르던 지리산 쌍계사에 최치원은 특별한 친밀감을 가지고 있었는지도 모른다. 환학대를 비롯하여 지리산 곳곳에 남아 있는 최치원 관련 전설과 유적은 이러한 맥락에서도 고려해 볼 필요가 있다.

자유와 초월의 상징, 청학이 사는 땅

예나 지금이나 세상사 일이 잘 안 풀리면서도 자연에 대한 동경이 있는 인물들은 입산한다. 좌절한 나머지 자살하는 사람도 있지만, 자연에 대한 깊은 향수가 있는 사람들은 산으로 들어가 버린다. 자연을 좋아하느냐 않느냐에 따라 생과 사가 갈리는 셈이다. 둘레가 800리에 해당되는 지리산은 세상사에 좌절한 낭인들이 들어와서 살기 좋은 최적의 산이었다. 현재까지도 지리산은 낭인과浪人科의 해방구다. 그 낭인과의 대부가 최치원이라고 보아도 좋다.

청학이 사는 청학동은 한국인의 유토피아였다. 고통 없는 세상이 청학동이다. 그 청학동은 지리산에 있다고 생각했다. 옛 선인들은 지리산을 날아다니는 학鶴으로 여겼다. 왜 학으로 생각했을까.

학은 크기가 큰 새다. 보통 새는 아니다. 사람이 탈 수 있다고 생각했다. 새를 타고 하늘을 난다는 생각이 우화등선羽化登仙의 시초다. 학술적으로는 신조神鳥 토템이라고 한다. 원시 시대에 새를 타고 하늘로 올라간다는 생각이 신선 설화의 기본이 되었다. 그만큼 큰 새는 자유와 초월의 상징이었던 셈이다. 지긋지긋한 전쟁과 질병, 굶주림으로 시달리는 이 세상을 시원하게 떠나 버릴 수 있는 방법은 새처럼 나는 것이다. 더군다나 학은 색깔도 희다. 성스러운 느낌이 든다.

　　그런데 청학은 백학보다 더 특별한 학이다. 산 중에서도 청산靑山을 으뜸으로 치지 않던가. 청산에는 '청학靑鶴'이라야 궁합이 맞는 것인가. 우리 선인들은 지리산을 두 마리의 학으로 비유했다. '남비청학쌍계사南飛靑鶴雙溪寺, 북래백학실상사北來白鶴實相寺', "남쪽으로 날아간 청학은 쌍계사가 되었고, 북으로 날아온 백학은 실상사가 되었구나." 지리산의 남쪽을 대표하는 사찰이 쌍계사이고, 북쪽을 대표하는 사찰이 실상사다. 쌍계사와 실상사는 두 마리의 학이 날아가서 된 사찰이라고 상상했던 것이다. 쌍계사 뒤로 올라가서 환학대를 거쳐 불일평전에 다다르고, 불일평전에서 약수를 한 모금 마시고 5분 정도 더 바위절벽 옆을 가면 불일암이 나온다. 불일암에서 300m만 더 가

자연에서 채우는 영적 에너지 8

물소리를 듣다 _ 쌍계사 불일암에서 하룻밤 자던 날. 불일폭포에서 쏟아지는 물소리가 밤새도록 들려왔다. 낮에 들리는 물소리와 밤에 들리는 물소리의 느낌은 사뭇 달랐다. 경전에 보면 꿈에서도 물소리를 들어야 번뇌가 사라진다고 되어 있다. 꿈에서 물소리에 정신을 집중하다 보면 어느 순간에 '이 물소리를 듣는 나는 누구인가?' 하는 화두가 잡힌다고 되어 있다. 계곡 물소리가 잘 들리는 지점은 삶의 번뇌가 많은 사람들이 머무르면 좋은 위치이다. 잠을 자다가 꿈결 속에서도 물소리를 들으면 근심 걱정이 씻겨 내려간다.

면 불일폭포다. 그 터는 나이에 따라 다르게 보인다. 내가 20대 후반 불일암 터에 왔을 때는 좋은 줄 몰랐다. 그러나 이제 50대가 되어 불일암에 올라와 보니 왜 진작 이 터에 자주 오지 않았나 하는 후회가 된다. 물론 옛날에는 불일암에 터만 있었지, 암자는 없었다. 암자는 최근에 복원되었다. 불일암 마당에서 보년 오른쪽에 바가지처럼 둥그런 바위 봉우리가 하나 서 있다. 왼쪽을 보니 역시 바위 봉우리가 하나 뭉쳐서 터를 받쳐 주고 있다. 암자 스님에게 물으니 왼쪽의 봉우리는 청학봉青鶴峰이고, 오른쪽의 봉우리는 백학봉白鶴峰이라고 한다. 암자를 좌우로 청학봉과 백학봉이 감싸고 있는 형국이다. 좌청룡, 우백호가 아니라 좌청학, 우백학인 셈이다.

　　암자의 마당에서 멀리 바라다 보이는 산봉우리들은 광양의 백운산 자락이다. 1,000m가 넘는 백운산의 봉우리들이 멀리서 이 터를 받쳐주고 있다. 마침 불일암에 청곡青谷 선생이 기도하러 와 있어서 풍수를 이야기하다 보니, 저 멀리 보이는 백운산은 나는 비학飛鶴이라고 설명한다. 청학, 백학, 비학이 모두 이 터를 옹위하고 있는 것이다. 청곡의 주장에 의하면 불일평전과 불일암이야말로 원조 청학동이라고 한다.

　　청곡은 김제에서 학성강당學聖講堂을 운영하고 있는 유학자다. 선대부터 유학을 연마해 온 기호 유림의 뼈대 있는 집안 후손이다. 유교의 사서삼경은 물론 풍수와 한의학에 대해서도 깊은 조예가 있다. 10대 후반부터 전국을 걸어 다니면서 기인달사들을 만나며 주유천하를 경험한 그는 정신세계의 미묘한 도리에 대해서도 이해가 깊다. 그가 25년 전쯤인 20대 중반에 불일암 터에서 텐트를 치고 유교경전을 읽은 적이 있었다고 한다. 하루는 경전을 읽지 않는데도 불구하고 어디선가 글 읽는 소리가 계속 들리는 환청을 체험했다. 그러다가 며칠 후 비몽사몽간에 사방 천지에서 수많은 귀신들이 나타나는 장면을 목격했다고 한다. 청곡은 칼을 뽑아 달려드는 귀신들의 목을 쳤다. 수많은 귀신들을 물리치던 중에 마지막 남은 10대 중반쯤으로 보이는 어린 동자승 귀신이 나타났다. 청곡이 칼을 뽑아 죽이려고 하자 책상 밑으로 들어가면서 "한 번만 살려주세요! 저를 살려주면 나중에 좋은 일이 있을 겁니다!" 하면서 사정을 하는 게 아닌가. 그래서 살려주었다고 한다.

이런 정신세계의 체험이 있은 뒤에 신통한 현상이 나타났다. 그 뒤로부터 청곡은 산을 보면 '어디에 기운이 뭉쳐 있는지, 호랑이가 엎드려 있는 복호혈伏虎穴인지, 와룡혈臥龍穴인지' 눈으로 훤히 보이더라는 것이다. 풍수에 개안하게 된 셈이다. 이런 걸 보면 사람은 자기에게 맞는 터가 있다. 특히 자기에게 정신세계의 체험을 하게 해준 터는 특별한 영지靈地이다. 청곡에게 있어서 불일암 터는 특별한 곳이다.

그가 이후 학성강당에서 제자들을 가르치다가 25년 만에 다시 불일암 터에 와서 머무르던 중에 나와 만나게 되었다. 우리는 하룻밤 자면서 우리나라 도맥과 명당, 그리고 신비체험, 난치병을 치료하게 된 이야기 등을 나누게 되었다. 나는 사업이나 정치 이야기보다 가장 재미있는 이야기가 우리나라 곳곳에 포진해 있는 명당과 그 명당에 얽힌 사연, 그리고 도사들의 기행이적奇行異蹟에 관한 것들이다. 문제는 이런 이야기를 나눌 상대를 만나기가 쉽지 않다는 점이다. 이날 불일암에서 청곡을 만나 도담의 재미를 만끽했다.

불일암 물소리를 듣고 있는 나는 누구인가

원래 불일암은 진감 국사가 창건했다. 쌍계사를 짓기 전에 수도하던 암자 터로 추정한다. 그만큼 혼자서 도를 닦는 터로는 이상적인 조건을 갖추고 있는 곳이다. '불일佛日'이라는 명칭이 붙게 된 계기는 고려 후기의 불일佛보조 국사가 이곳에서 수도한 인연 때문이다.

불일암 스님의 배려로 하룻밤 묵을 수 있었다. 그런데 이게 무슨 소리인가. 불일폭포에서 쏟아지는 물소리가 밤새도록 들리는 것이었다. 낮에 들리는 물소리와 밤에 들리는 물소리의 느낌은 사뭇 달랐다. 경전에 보면 꿈에서도 물소리를 들어야 번뇌가 사라진다고 되어 있다. 꿈에서 물소리에 정신을 집중하다 보면 어느 순간에 '이 물소리를 듣는 나는 누구인가?' 하는 화두가 잡힌다고 되어 있다.

불일암 자체도 깎아지른 절벽 위에 터를 잡고 있다. 절벽 밑에 내려가면 계곡이 아주 험하다. 칠선계곡보다 더 험준하다. 한번 급경사의 계곡으로 내려가면 오도 가도 못하는 수가 있다. 지리산의 도인들 사이에 전해지는 이야기에 따르면 불일폭포 밑에는 호룡대虎龍臺라는 터가 있는데, 바위 절벽 속에 있어서 도를 닦기에 좋은 곳이라고 한다. 반야봉 밑에 있는 금강대金剛臺는 개운조사가 공부했다는 전설이 있고, 영신대靈神臺는 기도하기에 아주 좋은 터라고 전해진다. 호룡대는 험한 바위 절벽 속에 숨어 있어 사람들 눈에 전혀 안 뜨이는 지점이므로 숨어서 신선공부하기에 좋은 터이다.

불일암에서 자고 아침 7시쯤 일어나 백운산 쪽을 바라보니 안개가 산 밑을 부드럽게 감싸고 있다. 섬진강에서 올라온 안개이다. 섬진강 새벽안개를 멀리 떨어진 산 위에서 바라보니 순백색의 띠처럼 보인다. 마치 섬진강에 사는 만 년 된 신령스러운 두꺼비가 품어낸 진액津液 같다고나 할까. 아니면 섬진강 백룡이 품어낸 안개라고 할까. 백운산 밑을 띠처럼 두른 순백색의 아침 운무를 보니 이곳 불일암이 신선이 사는 터임을 알겠다.

_ '학을 부르는 언덕'이라는 뜻의 환학대. 최치원이 이곳에서 학을 불러 홍류동으로
날아가곤 했다는 이야기가 전해진다.

_ 진감선사탑비, 최치원이 진감 선사 혜소慧昭의
법력을 기리며 쓴 비문으로 글씨가 매우 아름답다.

_ 불일암. '불일佛日'이라는 이름이 붙여진 것은 고려후기 불일佛日
보조 국사가 이곳에서 공부한 인연 때문이다.

하동 쌍계사 불일암

인생,
때로는
무심하게
때로는
간절하게

<u>15</u>

좌청룡 우백호 지맥이 겹겹이 에워싸다

완주 모악산
대원사

이름에 '악岳' 자가 들어가는 산은 기운이 강하다. 영발靈發이 있는 산이다. 영적 기운이 충만해야 영험이 있는 것이다. 영험이 있어야 인생살이 풍파에서 난파당한 중생들의 고통을 보듬어 줄 수 있다. 세상의 근심을 털어낼 수 있는 자기력磁氣力이 있는 산이다. 그러므로 '악' 자가 들어가는 우리나라 산들은 다 '약산藥山'이라고 생각한다. 우리나라에는 6대 악산岳山이 있다. 설악산, 서울의 관악산, 원주의 치악산, 북한 개성의 송악산, 충북에 월악산, 그리고 전북 모악산이다.

모악산母岳山은 6대 악산에도 속하지만 계룡산과 함께 한국의 양대 신종교 메카이다. 일제강점기 때부터 정감록과 미륵신앙, 그리고 후천개벽을 신봉했던 도교인들은 계룡산과 모악산으로 모여 들었다. 모악과 계룡은 공통점이 있다. 들판 한가운데 자리 잡은 산이다. 평야지대에 우뚝 솟아 있다. 그래서 들판으로부터 접근성이 좋다. 민초들이 접근하기에 용이한 산이었다는 말이다. 이 때문에 식량조달도 비교적 수월했다. 산속에 살면 먹을거리가 문제인데, 모악과 계룡은 주변의 평야지대에서 식량을 쉽게 구할 수 있었던 것이다. 1910년 일제강점기, 일제 치하에서 도저히 못살겠다고 생각한 상당수의 반체제 인사들이 계룡산과 모악산으로 모였고, 이 사람들이 동학, 증산교, 원불교 같은 민족종교의 패러다임을 형성했다.

모악산은 내가 20대 중반부터 30대 초반까지 일주일에 2박 3일은 머물렀던 산이다. 이 골짜기 저 골짜기, 이쪽 바위 저쪽의 샘물을 올라가 보고 마셔 보았다. 저녁노을에 취해 넋을 놓고 집에 돌아가는 것도 잊을 때도 있었고, 운무에 쌓인 숲속 길에서 산기운에 취해 '이대로 죽어도 좋다'고 생각할 때도 있었다.

나는 모악산에서 정신세계가 있다는 생각을 하게 되었다. 눈에 보이는 세계뿐 아니라 눈에 안 보이는 세계도 있다는 생각을 받아들이게 된 것이다. 그런 점에서 보자면 나는 출신 성분이 '모악산파母岳山派'다. 모악산은 나에게 정신세계의 젖을 빨게 해준 어머니 같은 산이다.

이런 글을 쓰는 자양분도 모악산에서 얻은 셈이다. 지나고 보니 모악산에서 젖을 먹고 성장해 계룡산, 지리산에서 가서 힘을 길렀던 것 같다.

모악산 여산신女山神의 젖을 먹으며 아장아장 발걸음을 떼던 시절에 꼭 들르던 절이 바로 대원사大院寺다. 모악산은 진표 율사가 공부했던 금산사金山寺 쪽이 있고, 그 반대편에 대원사가 있다. 김제 쪽에서는 금산사가 가깝지만 전주 쪽에서는 대원사가 가깝다. 물론 절의 규모나 깊이에서 보자면 금산사는 엄청나게 큰 절이고 대원사는 거의 암자 수준이라고 할 만큼 작은 절이다. 크다고 자기에게 인연이 있는 것은 아니다. 크고 작고를 떠나 자기에게 도움을 준 절이 인연 터이고, 명당이다.

진묵의 무심, 홍시를 먹느라
여인을 잊어버리다

모악산 정상에서 대원사를 내려다보면 이 터가 겹겹이 쌓인 모란꽃의 꽃심에 있는 형상이다. 좌청룡 우백호의 지맥이 겹겹이 대원사를 둘러싸고 있다. 이렇게 겹겹이 둘러싸면 장풍藏風이 잘 된다. 바람을 막아주는 터라는 말이다. 바람의 위력을 언제 느끼는가? 태풍 불고 비바람이 몰아칠 때 느낀다. 장풍이 잘 되는 터는 확실히 바람이 적고 안온한 느낌이 든다. 폭우가 쏟아지고 거센 바람이 불고, 폭설이 내려 보아야 명당의 효능이 증명된다. 풍파를 겪어 보면서 사람 내공이 다져지듯이 명당도 비바람을 맞아 보아야 안다. 평상시에는 잘 모른다.

대원사 아래로는 계곡 물이 풍부하다. 큰 계곡이 아니고 작은 계곡이지만 수량이 비교적 풍부하다. 모악산은 육산肉山이기 때문에 항상 일정량의 수량이 유지된다. 바위만 있는 골산骨山은 비가 오면 순식간에 계곡 물이 불어난다. 물이 땅으로 스며들지 못하고 바위를 타고 흘러 계곡으로 모이기 때문이다. 그러나 육산은 땅으로 물이 스며들기 때문에 수량이 오래 지속된다. 육산은 물이 마르지 않는 장점이 있다.

대원사 아래 계곡으로는 물이 항상 흐르므로 옛날에는 물레방아를 설치하기에 좋은 지점이었다. 구전에 의하면 절 밑으로 물레방아가 12개나 있었다고 전해진다. 그만큼 이 일대에 대원사 소유의 논이 많았고, 수확한 벼를 물레방아에 찧었다는 이야기이다. 계곡 중간 중간에 약간의 평평한 입지가 있는 걸로 보아서 물레방아 설치하기에 딱 좋은 조건이다. 지금은 물레방아가 하나도 남아 있지 않아 아쉽다. 옛날처럼 12개나 남아 있으면 참 보기가 좋았을 것이다.

대원사에서 공부했던 두 명의 인물 중 한 사람은 조선 중기의 진묵 대사震默大師이고, 또 한 사람은 구한말의 강증산姜甑山이다. 호남지역에서 진묵 대사는 부처의 후신으로 여겨진다. 진묵에 대한 뿌리 깊은 신앙이 있다. 그에 대한 신통이적神通異蹟이 곳곳에 많이 남아 있다. 도인은 신통력을 보여주고, 대중은 말보다 그 사람이 보여 준 초월적인 신통력에 감화되기 마련이다. 신통력에 관한 한 호남 지역에서 진묵만큼 위력을 보여 준 승려도 드물다. 호남 민초들의 가슴속에는 진묵이야말로 부처가 환생한 고승으로 남아 있다.

한 번은 진묵 대사가 길을 가다가 어느 요염한 여인을 만났다고 한다. 여인이 진묵의 훤출한 외모를 보고 첫눈에 반했던 모양이다. 여인이 진묵에게 '이리 오라고' 손짓했다. 진묵은 그 손짓을 따라서 여인과 같이 나무 아래에 앉았다. 여인이 진묵에게 안겨 오자 그도 스스럼없이 여인을 품었다. 품에 안고 있던 도중에 보니까 바로 옆 감나무에서 잘 익은 붉은 홍시감이 땅바닥으로 떨어지는 게 아닌가! 진묵은 여인을 품고 있던 팔을 풀고 아무 생각도 없는 듯 그 홍시감을 주우러 자리를 털고 일어났다고 한다. 한참 열이 올랐다고 생각한 여인은 황당하기 이를 데 없었을 것이다. 갑자기 남자가 홍시감을 주우러 자리에서 일어나버리니 말이다. 진묵은 그 감을 맛있게 먹느라고 여인을 잊어버렸다고 전해진다. 진묵의 무심한 심법과 색色에 걸리지 않았던 그의 도력을 유머러스하게 전해주는 일화이다.

역사에서 보면 진묵 대사는 서산 내사와 동시대의 인물인데, 서산 대사에 대해서 '명리승名利僧'이라는 평가를 남겼다. '명리승'은 냉혹한 평가이다. 서산 대사가 명리(명성)를 밝혔다는 게 아닌가! 임진왜란에서 승병들을 조직해 왜군과 싸운 호국불교의 모델이 서산인데, 서산을 명리승이라고 하면 어떻게 되는 것인가? 이는 난리가 났을 때 칼을 들고 나가 적군과 싸운 승병들에 대해서도 썩 긍정하지 않는다는 뉘앙스가 깔려 있다. 사람을 죽이지 않는다는 불가의 불살생不殺生의 계율을 어긴 것이 큰 문제인가, 아니면 계율을 어기더라도 나라를 구하는 것이 더 중요한 일인가.

아마도 진묵은 '구국救國'이나 '나라와 민족'이라는 세속적인 가치보다는 살생하지 않고 세속의 이념을 초월해야 한다는 출가 승려 본연의 처신에 더 비중을 두었던 듯하다. 진묵의 관점에 의하면 서산 대사는 '조국을 위해 진리를 팔아버린 중'이었다. 그래서 명리승이라고 하지 않았을까. 진리냐? 조국이냐? 쉽게 판단하기 어려운 문제인 것 같다.

— ## 증산의 기도,
민심을 추스르며 희망을 주다

그 다음은 강증산이다. 증산은 39세에 죽었으니 오래 살지 못했다. 일찍 죽은 감이 있다. 그러나 그가 살았던 39년은 파란만장한 대하드라마였다. 1871년 생인 증산은 1894년에 동학혁명이 발발했을 당시 우리 나이로 24세였다. 혈기 있고, 감수성이 예민하고, 정의감이 투철할 시기이다. 이때 동학이 일어났다. 그는 동학에 직접 가담하지는 않았지만 심정적으로 크게 동조한 상태였던 것 같다.

동학도들이 공주 우금치 전투에서 일본군들에게 기관총으로 대량 학살을 당하고 뿔뿔이 흩어졌고, 살아남은 동학도들도 일본군 추적대들에게 붙잡혀 처절하게 죽어가는 상황이었다. 머리 좋고, 정의감 있는 청년이 기막힌 조국의 현실을 보고 어떤 생각을 했을까. 힘에서 밀렸다! 힘을 기르는 수밖에 다른 방법이 없다.

기관총 대신에 청년 강증산이 생각한 힘은 모악산에 들어가 기도하는 방법이었다. 강증산의 일대기를 후학들이 기록해놓은 『대순전경大巡典經』에 보면 증산은 '권능權能을 얻기 위하여 모악산에 입산했다'고 되어 있다. 권능 이란 무엇인가? 파워이다. 증산은 세간의 번뇌를 털기 위하여 모악산에 입산 한 게 아니고, 세속을 바로잡기 위한 초월적인 힘을 얻기 위해 산에 들어간 것 이다. 증산은 모악산 중에서도 바로 대원사로 갔다.

대원사 산신각 자리에서 증산은 49일 기도를 했다고 한다. 이때 대원 사의 승려로서 젊은 강증산을 지도해 준 인물은 금곡金谷 대사였다고 전해진 다. 아마도 증산은 대원사에서 동학의 정신적 후유증과 울분을 삭이느라고 2~3년은 머물렀지 않았을까. 절에 있는 동안 어느 정도 심신이 안정되고, 기 도의 세계가 있다는 것을 알게 되면서 49일 기도에 전력을 쏟은 것 같다.

기도도 마음의 준비가 필요하다. 처절한 원력願力이 그것이다. 원력은 죽기 아니면 살기로 하는 기도이다. 뼈에 사무쳐야 한다. 뼈에 사무친 상태에 서 명산에 들어가 기도하면 거의 100퍼센트 영험이 있다는 게 내 생각이다. 증산은 대원사 산신각에서 기도를 하고 나와 엄청난 권능을 얻었다. 『대순전 경』에 보면 그가 발휘한 신통력들이 죽 열거되어 있다. 불구자의 병을 낫게 하고, 미래를 내다보며, 천지도수天地度數를 돌리는 천지공사天地公事를 하는 파워를 보여 주었다. 후천개벽의 권능을 보여 준 사람은 강증산이다. 증산이 가공할 힘을 얻게 된 성지가 바로 대원사이고, 대원사의 산신각이다.

한국은 단군 이전부터 주류종교가 산신령이었다. 가장 오래된 전통을 지닌 종교가 바로 산신교山神敎이다. 강증산이 동학혁명 이후 처절하게 바닥 에 떨어진 호남의 민심을 추스르면서 다시 희망을 줄 수 있었던 힘도 대원사 산신각에서 나왔다.

생사를 건 기도의 기운이
침묵으로 흐르다

산신각 자리는 현재 적묵당寂默堂이라는 현판 글씨가 걸려 있다. '침묵을 지키는 방'이라는 뜻이다. 나는 대원사에 올 때마다 이 방에 들러본다. 아마도 진묵 대사도 이 터에서 공부했을 것이다. 고단자들이 공부했던 터에는 당시의 영기靈氣가 시공을 초월해서 머물러 있다고 믿는다. 그러다가 수백 년 후 자질 있는 사람이 같은 터에서 공부하다가 정신세계가 열리면 수백 년, 수천 년 전의 고단자가 남겨놓은 에너지와 교감하는 수가 있다. 이번에 가보니 적묵당에는 봉문蓬門 스님이 머물고 있다. 봉蓬은 쑥 봉자이다. 가난뱅이가 사는 집 대문은 옛날부터 쑥으로 만들었다고 한다. 대문 만들 재료가 오죽 없으면 가장 구하기 쉬운 쑥으로 했겠는가? 봉문 스님은 '걸레' 중광重光 스님의 제자이다. 중광 말년에 3년을 같이 살면서 시봉한 제자이다.

"중광의 가르침은 무엇이었습니까?"

"분별分別을 없애는 것이었죠."

봉문 스님은 하루 종일 적묵당에서 참선하다가 커피도 한 잔하고, 계곡의 물소리도 듣다가, 심심하면 마당에 나와 달을 보기도 하고, 모악산 아래의 구이九耳 저수지에서 올라오는 안개를 감상하기도 한다. 보따리 하나가 살림살이 전부인 가난한 스님이 진묵 대사, 강증산이 생사를 걸고 기도를 했던 그 방에서 침묵을 지키고 있었다.

_ 대원사 아래 계곡으로는 물이 항상 흐른다. 모악산은 육산이라 물이 땅에 스며들어 수량이 풍부하다.

_ 모악산 정상에서 대원사를 내려다보면 겹겹이 쌓인 모란꽃의 꽃심에 있는 형상이다.
그만큼 안온하고 부드러운 분위기가 느껴진다.

_ 산신각 자리는 현재 '적묵당寂默堂'이라는 법당이 지키고 있다. '침묵을 지키는 방'이라는 뜻이다.

완주 모악산 대원사

스스로 의문을
품었을 때
'일'이 시작된다

16

'조선의 숨은 왕' 송구봉의 거처
파주
심학산(옛 구봉산)

"지난 임진왜란에 정란靖亂의 책임을 최풍헌이 맡았으면 사흘에 지나지 못하고, 진묵이 맡았으면 석 달을 넘기지 않고, 송구봉이 맡았으면 여덟 달 만에 끝냈으리라."

구한말 강증산의 어록을 정리해놓은 『대순전경』에 나오는 말이다. 최풍헌은 도가의 인물이고, 진묵 대사는 불가의 인물이고, 송구봉은 유가를 대표하는 인물로 되어 있다. 이 세 사람은 각각 도교, 불교, 유교의 도력을 대표하는 인물들이다. 이는 강증산의 독자적인 관점이라기보다는 구한말에 식자층들 사이에서 전해 오던 내용으로 추측된다.

특이한 점은 송구봉이다. 그가 유가를 대표하는 도인으로 인식된 점이다. 송구봉은 『삼국지』의 제갈공명에 비유되는 경우도 있다. 그만큼 지략이 깊고, 앞일을 내다보는 신통력을 갖추었다는 이야기이다. 근래에 '정여립 모반사건'을 연구한 역사학계의 분석에 의하면 정여립 사건이 일어나도록 멀리서 조종한 서인西人의 장자방이 바로 송구봉이라는 것이다. 정여립 사건으로 서인을 위협하던 동인들이 치명적인 타격을 받았고, 특히 호남 출신으로서 당시 동인의 좌장이었던 이발과 그리고 나주의 퇴계 선생으로 존경 받던 정개청 같은 인물들이 장살 당했다. 동인의 입장에서 볼 때 송구봉은 원수 같은 인물이지만, 서인 쪽에서는 제갈공명급으로 존중 받았다. 비록 출신 성분 때문에 벼슬을 못 하고 재야에서 머물렀지만, 당대의 천재 율곡보다 한 수 위의 인물로 소문이 나 있었다.

송구봉의 구봉龜峰은 호다. 이름은 익필翼弼이다. 왜 구봉으로 호를 지었는가? 그는 20대 중반부터 반대파의 공격을 피하기 위해 경기도 파주의 구봉산龜峰山 자락에서 살았고, 산 이름을 따서 구봉으로 호를 지었다. 구봉산이 바로 경기도 파주 출판단지 뒷산인 심학산尋鶴山이다. 구봉산에서 '학을 찾았다'는 뜻의 심학산으로 이름이 바뀐 것은 조선 숙종 때이다. 숙종 때 대궐에서 기르던 학이 날아갔는데, 구봉산에서 그 학을 찾았다고 해서 '찾을 심尋' 자를 써서 심학산으로 이름을 바꿨다.

_ 둘이 하나로 합쳐져야만 무엇이든지 이루어진다. 물류와 생태에 유리한 점이다.
구봉산이 있는 교하는 한강과 임진강이 합해져서 서쪽의 강화도로 흐른다.

심학산은 파주시 교하읍 서남단의 한강변에 위치하고, 높이는 194m밖에 안 된다.

구봉산(심학산)을 답사해야 하겠다고 결심하게 된 계기는『조선의 숨은 왕』(이한우 지음)을 읽고 나서다. 서인의 장자방인 송구봉이 이 산자락에서 살 았고, 근처에 율곡과 우계 성혼이 살고 있어서 세 사람이 서로 왔다 갔다 할 수 있는 위치였기 때문이다. 저자 이한우는 서인에서 노론으로 이어지는 조 선정치의 주류계보가 형성된 장소와 인물을 바로 구봉산과 송구봉으로 보고 있다. 율곡은 벼슬하느라 바빠서 제자를 양성할 시간이 없었고, 노론의 주류 인물들은 대부분 송구봉의 제자이거나 아니면 그 학맥이라는 것이다. 노론 300년 장기집권을 하게 만든 인조반정(1623)도 직간접으로 송구봉의 제자들 이 주도적으로 참여했다고 한다. 노론 독재 300년은 송구봉에서 비롯되는 셈 이다. 그래서 '조선의 숨은 왕'이라는 주장이다.

교하, 물이 합해지면
돈이 모이고 인심도 깊어진다

'조선의 숨은 왕'이 살았던 구봉산의 형세가 어떻게 생겼는지 궁금했다. '인걸 은 지령地靈'이라 하는데, 그 산의 기운과 형세를 보면 거기에 살았던 인물의 그릇을 짐작해 볼 수 있다. 기운이 강건한 바위산에 살면 강건한 기질의 인물 이 나오고, 평야지대에 살면 포용하는 품이 넉넉한 인물이 나오기 마련이다.

산이 높다고 전부가 아니다. 낮아도 기운이 뭉쳐 있으면 명산이다. 심 학산이 그렇다. 높이는 200m가 채 안 되지만 산 뒤로는 바위 봉우리로 뭉친 북한산과 도봉산이 조산祖山으로 받쳐주고 있었다. 구봉산의 할아버지는 도 봉산이었다. 조손祖孫 간에는 서로 닮기 마련이다. 할애비를 보면 손자를 볼 수 있다. 도봉산의 손자가 구봉산이라는 이야기는, 도봉산의 강건한 바위 기 운이 손자대에 와서 그 끝에 뭉쳐 있다는 말이다. 호박이 가지의 끝에 열리듯이, 산의 기운도 그 끝자락에 뭉친다. 그래서 명당은 산의 중심부에 있는 게 아니라 바깥 끝자락에 만들어진다. 이걸 '결국結局'이라 부른다. 구봉산은 도봉산의 결국이다.

산을 오르면서 왜 이름에 거북 구龜자가 들어갔는지 의문이었다. 우선 산을 밀리서 보면 거북 형세로 보인다. 산의 모습이 거북 등처럼 둥그스름하다. 뾰족하거나 각이 진 형상이 아니다. 정상 부근에 올라가보니 커다란 바위가 놓여 있다. 마치 거북의 등껍질을 상징하는 바위였다.

거북이는 물이 필요하다. 그런데 이곳은 교하交河읍이다. 물이 교차하는 곳이다. 굽이굽이 흘러온 한강 물이 임진강 물과 만나는 곳이다. 한강과 임진강 물이 합해져서 흐르다가 강화도 쪽에 가서는 다시 예성강 물과 합해진다. 풍수에서 보는 물은 재물과 물류, 인심의 흐름을 상징한다. 물이 합해지면 돈도 합해지고, 인심도 합해지는 것으로 해석한다. 이런 의미에서 볼 때 '교하'는 상징하는 바가 크다. 지금은 자유로가 만들어져서 한강물을 차단하는 제방의 역할을 한다.

그러나 자유로가 만들어지기 전인 1950~1960년대만 해도 교하는 한강물이 깊숙하게 읍내로 들어왔다. 곳곳에 배를 댈 수 있는 나루터가 있었다. 도봉산에서 잉태된 구봉산의 거북이는 바로 이러한 한강물이 둘러싼 지역에 살고 있다고나 할까. 군이 구봉산에 이름을 붙여 보자면 '영구입수靈龜入水' 형세이다. '신령스러운 거북이가 물로 들어가는 형국'이다. 구봉산 정상에서 강물을 바라보니 한강물이 산을 활처럼 둘러싸고 흐른다. 활처럼 곡선을 그리면서 산을 감아 흐르면 아주 좋게 본다. 이를 금성수金星水라 부른다. 구례 사성암을 섬진강이 둥그런 원을 그리면서 감아 흐르듯이, 구봉산도 한강물이 활처럼 감아 흐른다.

율곡과 이순신이 찾아와
공부를 하다

옛날에는 서울 마포나 노량진에서 배를 타고 이곳까지 왕래할 수 있었다고 한다. 교하의 촌로들 이야기에 의하면 이순신 장군도 젊었을 때 구봉산의 송구봉을 찾아와 공부했다고 한다. 물론 기록은 없고 구전이기는 하지만, 이순신이 1545년생이니까 11년 연상인 송구봉을 찾아와 배웠을 가능성은 높다. 율곡도 송구봉의 천재성을 공공연하게 인정했으니까 송구봉의 이름은 당대에 이미 널리 알려졌다. 신분이 미천해 벼슬은 할 수 없는 처지에서, 서울 변두리에서 책을 보고 제자 양성에 몰두할 수밖에 없던 상황이었다. 이순신도 그 명성을 듣고 구봉산에 찾아 왔을 것이다. 교통수단은 배였다. 마포나 노량진에서 배를 타면 아마 1시간 정도면 올 수 있지 않았을까. 걸어서 오면 꼬박 하루 걸리는 길이었겠지만 한강 물길을 따라 배를 타고 오면 멀지 않은 길이었다. 그렇다면 송구봉은 서울 밖으로 정적들을 피해서 거처를 옮기기는 했지만, 교통편으로 보면 그리 먼 거리에 살았던 것은 아닌 셈이다.

송구봉이 구봉산 시절에 키웠던 대표적인 제자를 한 사람 꼽는다면 사계 김장생이다. 김장생의 아버지인 김계휘는 이율곡을 통해서 송구봉을 알게 되었다. 율곡으로부터 송구봉의 학문이 깊다는 이야기를 들은 김계휘는 13세의 어린 김장생을 구봉산의 송구봉 집에 맡긴다. 바로 역자지교易子之敎이다. 자식은 그 부모가 교육하기 어렵다. 아이가 어느 정도 말귀를 알아들을 때가 되면 친구나 또는 믿을 만한 선생에게 자식을 맡겨 교육시켰다. 부모들이 자식을 바꿔서 가르치는 풍습이 조선에 있었다. 합리적인 교육법이다. 10대 중반이 되면 사춘기가 되고, 사춘기에는 부모 곁을 떠나 다른 환경에서 공부하는 것이 효과적이다. 사춘기는 지금까지와는 다른 영양소를 섭취해야 할 시기이다.

13세의 김장생은 송구봉 밑에서 훈도를 받는다. 훈도는 교과과정을 매일 확인받는 것이 아니다. 송구봉은 "모르는 것이 있으면 그때 물어 보거라"

하고 평소에는 세세하게 별다른 간섭을 하지 않았다고 한다. 공부는 스스로 의문을 품었을 때 비로소 시작되는 법이다. 의문도 없는 상태에서 강제로 주입한다고 되는 것이 아니다.

송구봉을 연구한 이한우에 따르면, 이즈음 구봉이 제자인 김장생에게 가르친 핵심 사상은 '예禮'와 '직直'이었다고 한다. 공자의 『논어』에 나오는 '극기복례克己復禮'와 '옹야' 편에 나오는 '인지생야직人之生也直'이다. 사람은 곧아야 한다는 것이다. '예'와 '직' 사상은 김장생을 거쳐, 김장생의 수제자인 송시열에게 전수된다. 우암이 화양동 계곡에 암서재巖棲齋를 짓고 공부하면서 바위벽에 '비례부동非禮不動'이라 새겨놓고 '예가 아니면 절대로 움직이지 않는다'고 강조한 배경에는 조사부祖師傅인 송구봉의 철학이 작동하고 있다. 당쟁이 가장 치열했던 시기가 숙종 때였고, 그 주제가 다름 아닌 예를 논하는 '예송논쟁'이었다는 점도 주목해야 할 부분이다. 다른 일도 아니고 하필 '예' 때문에 죽고 사는 일이 벌어지는 발단도 어떻게 보면 송구봉의 구봉산 시절에 배태된 셈이다.

조선후기 300년의
운명을 결정지은 역사적 장소

훗날 노론 300년 집권의 인조반정이 성공하고 불과 거사 3일 후에 반정의 『주역』들은 김장생을 사헌부 장령에 제수했다. 왕에게 정치와 학문을 자문해주는 명예직이었지만, 반정의 『주역』들이 자신들의 사부인 김장생을 정권의 정신적인 지주로 여겼던 것이다.

반정의 1등 공신 9명 가운데 대부분이 송구봉의 영향을 받은 제자들이었다는 점도 눈여겨보아야 한다. 김류, 이귀, 김자점, 심기원, 신경진, 이서, 최명길, 구굉, 심명세가 핵심 공신인 9명이다. 김류, 신경진은 직접 송구봉으로부터 배운 제자이고, 구굉과 최명길은 김장생의 제자이니까 송구봉의 손자

제자인 셈이고, 김자점은 송구봉의 친구인 호원에게서 배웠으니 조카제자에 해당하고, 심기원은 송구봉의 절친한 친구이자 정치적 평생 동지였던 정철의 제자인 권필의 제자이니까 심기원도 역시 손자제자이다. 심명세도 또한 송구봉의 동지였던 심의겸의 손자이니 송구봉의 제자나 다름없다. 이렇게 보면 인조반정 핵심공신들의 대부분은 송구봉의 학맥이다. 송구봉의 '직'과 '예'가 현실정치에 투영되었을 때는 인조반정이라는 정변으로 표현되었다고 할까. 그 기초작업이 모두 교하의 구봉산 자락에서 시작되었다고 보아야 한다.

모든 일의 시작은 불가에서 말하는 '한 생각'에서 비롯되는 것이다. 그 '한 생각'이 시작된 장소가 구봉산이니, 조선후기 300년의 운명을 결정지은 역사적 장소라고 어찌 아니할 수 있겠는가. 물로 들어가려는 신령스런 거북이靈龜入水가 알을 낳았으니, 그 알을 깨고 태어난 인물이 송구봉인가. 역사적 평가라는 것은 참 어렵다. 수백 년 시간이 지났다고 평가를 제대로 할 수 있다는 보장도 없다.

구봉산이 있는 교하는 근래에 풍수학자인 최창조에 의해서 주목받은 장소이다. 통일한국의 수도를 교하에 잡아야 한다는 것이 최창조의 주장이다. 교하는 서울과 강화도, 개성을 사정 거리권에 둘 수 있는 입지다. 최고의 장점은 물이 교차한다는 점이다. 물류와 생태에 유리한 점이다. 고대부터 도읍지는 강물이 닿는 곳에 자리 잡았다. 배를 띄워야 화물이 운반되니까 말이다. 석양이 지는 5시 무렵 구봉산 정상에 있는 팔각정에 올랐다. 이곳에서 멀리 임진강이 한강과 합류되는 지점을 조망할 수 있다. 두 개의 강물이 합수되는 풍광은 장엄하다. 두 개의 강물은 두 개의 세계를 뜻한다. 둘이 어떻게 하나가 되는가를 목격한다는 것은 신비로운 일이다.

둘이 하나로 합쳐져야만 무엇이든지 이루어진다. 창조와 잉태가 그것이다. 한강과 임진강이 합해져서 서쪽의 강화도로 흐른다. 강화江華는 글자 그대로 '강의 꽃'이다. 서해로 흐르는 세 개의 강물, 즉 한강, 임진강, 예성강의 물이 이곳에서 합쳐지기 때문에 강화라고 했던 것이다.

흔히 명당을 '삼산양수三山兩水'라고 표현한다. 봉우리 3개가 연달아 내려오는 지점을 양쪽에서 흘러오는 물이 만나서 흐르면, 그곳은 명당이다. '두물머리'는 남한강과 북한강이 합쳐지는 곳이다. 양수리가 작은 양수리라면 교하는 큰 양수리에 해당한다. 현대 대도시는 수기水氣를 필요로 한다. 문명이 불火을 바탕으로 하기 때문에 물이 뒷받침되지 않으면 불균형이 된다. 생태적으로 좋지 않은 것이다. 교하는 물이 풍부한 곳이다. 앞으로 크게 열릴 지역이 아닌가 싶다.

_ 멀리서 보면 거북 형세로 보이는 구봉산. 정상 부근에 여기저기 널려 있는 돌은 거북의 등껍질을 상징한다.

_ 아파트 뒤로 보이는 북한산과 도봉산이 흘러와 결국을 이룬 자리가 심학산이다.

_ 심학산 정상에 지어 놓은 팔각정.
이곳에서 보는 아름다운 낙조는 파주에서
손꼽히는 절경이다.

_ 팔각정에서는 멀리 임진강이 한강과
합류되는 장엄한 풍광을 볼 수 있다.

세월이
흐르기 전에는
누구도
모르는 일이
있다

<u>17</u>

백범 김구가 숨어든 십승지

공주 태화산
마곡사

고대로부터 인간세상의 큰 재앙은 세 가지로 꼽았다. 전쟁, 기근, 전염병이다. 전쟁이 나면 칼과 창에 찔려서 죽고, 기근이 들면 굶어 죽는다. 전염병이 한번 돌면 속수무책으로 죽음을 기다릴 수밖에 없었다. 이 세 가지 재난을 피할 수 있는 곳은 이 세상에 어디 없는가? 고민 끝에 우리 조상들이 찾아낸 곳이 바로 『정감록』에 나오는 10군데의 십승지十勝地다.

십승지를 살펴보면 특이한 점이 있다. 북한지역에는 십승지가 하나도 없다는 것이다. 모두 남쪽에 몰려 있다. 왜 그럴까? 『정감록』은 하루아침에 한 사람에 의해서 만들어지지 않았다. 수백 년에 걸쳐 구전으로 전승되어 오던 내용을 여러 사람이 공동으로 다듬어서 내놓은 집단창작으로 보아야 한다. 어느 한 사람의 주관적인 편견이 작용할 여지가 없는 책이다. 그런데 북한지역에 십승지가 한 군데도 포함되어 있지 않다는 사실은 무엇을 의미하는가? 예로부터 이북보다는 이남 지역이 안전하고 살기 편안한 곳이라는 인식을 간접적으로 반영하고 있다고 본다. 이북은 북방 유목민족의 침입이 항상 있었고, 상대적으로 농토가 적어 먹고 사는 불안이 이남보다 더 많았다. 그러다 보니 이북 사람들은 십승지가 몰려 있는 이남 지역으로 이사 오고 싶어 하는 바람이 있었다. 추측컨대 그 시기는 구한말쯤이다. 나라가 망할 조짐을 보이던 시기이다.

동학혁명이 발생한 1894년 무렵부터 삶의 뿌리가 흔들리는 엄청난 불안을 느낀 조선의 민초들은 십승지를 찾아 헤맸고, 특히 이북에서 『정감록』을 신봉하던 비결파秘訣派들은 이남으로 이주를 시작했다. '비결파'는 풍수지리를 절대적 신념체계로 신봉하던 방외지사方外之士를 말한다. 전국 어디에 명당이 있다는 수십 종류의 비결서를 항상 지니고 다니면서 전국의 명당을 찾아 떠돌던 아웃사이더 집단이 있었고, 이들이 바로 비결파이다. 돈 떨어지고 벼슬길에 오를 수 없었던 소외된 지식인 그룹과, 머리 깎은 승려들, 그리고 도사가 되고 싶었던 체제 부적응자들이 비결파의 주요 멤버였다.

더구나 조선왕조 500년 동안 이북은 한양을 중심으로 하는 이남 체제

로부터 차별을 받았다. 이북 출신들은 높은 벼슬에 오를 수 없었다. 이남은 이
북지역을 은근히 위험지역으로 간주하고 인재등용을 꺼렸던 것이다.

여기에 반발한 이북의 식자층과 중산층들 가운데 상당수는 풍수와 사
주, 그리고 한의학과 같은 실용학문에 집중했다. 풍수, 사주, 한의학의 대가들
은 이북에서 많이 배출되었다는 사실이 이를 증명한다. 사상체질의 창시자이
자『동의수세보원』의 저자인 이제마도 이북 출신이고, 사주명리학계의 명저
로 꼽히는『사주첩경』을 쓴 이석영도 이북이고, 한의학도들의 필독서로서 수
준 높은 음양오행서陰陽五行書인『우주변화의 원리』를 쓴 한동석도 이북이다.
모두 이북 사람들이다.

한국전쟁 때 부산으로 피난 내려와 영도다리 밑에서 좌판 깔고 사주와
묏자리 봐주던 술사들의 대부분이 이북 사람들이었다. 정감록도 같은 맥락이
다. 이남보다 이북 사람들이 훨씬 더 관심을 가지고 연구했다. 체제로부터 소
외받고 차별받은 한을 이쪽에 대고 풀었던 것이 아닌가 싶다.

—   이북의 사주명리학자들,
            전란을 피해 남쪽으로

1894년의 동학혁명은 조선이라는 나라의 대들보가 무너지는 일대 사건이었
다. 조선 팔도에서 어디가 안전한가. 대략 이즈음부터 이북의『정감록』신봉
자들은 이남으로 이주하기 시작한 것으로 보인다. 물론 십승지가 1차 대상이
었다. 경북 풍기와 공주 유구 일대도 그 주요한 남하 루트였다. 풍기에는 금닭
이 알을 품는 금계포란의 명당이 있다고 믿었기 때문이고, 공주 유구는 만인
활지萬人活地가 있다고 여겼다. 이북의 정감록파들이 이남의 십승지로 이주를
시작한 시기는 동학 직후에 1차 이루어졌고, 일제강점기인 1930년대 무렵에
또 있었고, 광복 이후에도 있었다. 한국전쟁을 겪고 나서는 굳이 십승지가 아
니더라도 무조건 이남지역으로 피난 왔다. 이 가운데 풍기와 유구는 이북의

_ 백범 김구는 50년 만에 다시 마곡사를 방문해 이곳 대광보전 앞에서 감개무량해 했다.

비결파들이 선호하던 지역이었다. 풍기의 인삼, 유구의 직물공장들은 이북 사람들이 내려와서 시작한 사업들이다. 타향에서 먹고 살려면 필수적인 생계 수단이 필요했던 것이다.

유구와 마곡사 일대는 산으로 첩첩 둘러싸여 있다는 느낌을 준다. 강원도에 가면 산으로 둘러싸여 있다는 느낌을 강하게 받는데, 유구와 마곡사 일대는 강원도가 아님에도 불구하고 강원도 산골 같은 느낌이다. 구절양장九折羊腸 같기도 하다. 충청도인데도 말이다. 깊은 산골의 지형을 가진 유구와 마곡사가 십승지에 포함된 이유다. 일단 첩첩 산중이어야 난리에 숨기 좋은 것 아닌가. 아프가니스탄이 소련과 미국에 대항해 끝까지 유격전을 펼치며 버틸 수 있었던 것도 험악한 산악지형이었기 때문에 가능했고, 동유럽 유고도 산악지형이고, 한반도가 중국이라는 초강대국에 완전히 편입되지 않을 수 있었던 것도 우리나라의 70퍼센트가 산악지형이라는 점이 작용했다고 본다. 충남 지역은 다른 지역에 비해 산이 많지 않고, 농지가 많은 곳임에도 불구하고 유구, 마곡사 일대는 산악지형으로 이루어진 점이 독특하다.

승려가 된 백범이 바라본
마곡사의 냇물

1894년 동학혁명이 일어난 2년 뒤인 1896년에 명성왕후가 일본 자객집단에 의해 살해된다. 이에 의분을 느낀 백범 김구는 황해도 안악군 치하포 나루에서 일본 장교를 죽였다. 체포되어 인천형무소에 수감되어 있던 김구는 감옥에서 탈출했다. 그리고 어디로 갈 것인가. 추적대가 따라올 수 없는 곳, 인적이 드물고 깊이 숨을 수 있는 곳은 어디인가. 백범은 마곡사로 숨었다.

우리나라에 수많은 절이 있는데 백범이 하필 공주의 마곡사를 택한 이유는 무엇일까. 백범이 1876년생이니까 그가 마곡사에 온 시기는 21~22세 무렵이었다. 황해도 출신 20대 초반 청년의 머릿속에 입력된 피란지 정보는 어느 정도였을까. 십승지가 아니었을까 하는 추측을 해본다. 탈옥 후에 이북의 함경도 같은 곳도 오지인데, 그쪽으로 도망가지 않고 이남으로 방향을 잡았던 것이다. 마곡사가 십승지인 유구 근처라는 정보를 가지고 있었지 않았나 싶다. 일단 절에 가면 밥은 먹을 수 있다. 그리고 절이라는 곳이 속세의 모든 번뇌를 털어버리는 성소聖所이다. 정신적인 안정을 찾을 수 있는 곳이다. 쫓기는 자의 불안함, 그 불안함을 해소해 줄 수 있는 장소가 십승지인 유구 옆의 절 마곡사였다. 마곡사가 있는 태화산泰華山은 공주시 사곡면, 신풍면, 유구읍의 3개 지역에 걸쳐 있다. 백두대간 금북정맥의 줄기이다. 높이는 416m.

마곡사에서 눈여겨볼 만한 풍수적인 요소는 물이다. 냇물이 대광보전을 활처럼 감아서 돈다. 물살이 너무 세면 좋지 않은데, 물살도 느긋하고 완만하게 돈다. 자세히 물길을 보면 마곡사 전체를 S자 형국으로 감아 도는 모습이 눈에 들어온다. 가장 이상적인 물길의 형태는 S자다. 태극모양이다.

물이 태극모양이나 S자로 흐르는 곳은 거의 명당이다. 태극모양이면 물이 느리게 흐르면서 주변에 수기水氣를 충분하게 공급해주기 때문이다. 물이 없으면 그 터의 기운이 오래가지 못한다. 물이 있어야 불에서 나오는 강력한 기운을 저장해 준다. 물로 기운 저장을 못 하면 속발速發했다가 속패速敗한다고 알려져 있다. 물은 기운을 머금어 품는 작용을 한다. 달리 표현한다면 불에서 나온 기운이 밖으로 도망가지 못하도록 잡아놓는 역할을 한다. 응결시키는 작용을 한다. 수증기가 응결되면 물이 되는 것 아닌가. 그래서 물은 저장하고 축적하고, 오래가게 만드는 효능이 있다. 어느 영지이든지 물이 있어야만 그 터가 오래간다. 불만 있고 물이 없으면 홀아비 살림과 같다고나 할까.

마곡사에 갈 때마다 냇물의 흐름이 어찌 그리 아름다운지, 늘 감탄한다. 마곡사는 교과서적인 명당이다. 그러다 보니 불교를 탄압하던 조선시대에는 마곡사 경내에 유생들이 조상 묏자리를 많이 썼다고 전해진다. 사찰 경내에 개인의 묘를 쓴다는 것은 이만저만한 불경이 아닌데도 불구하고, 조선이라는 유교의 시대에는 가능한 일이었다. 마곡사는 냇물이 아름답게 감아

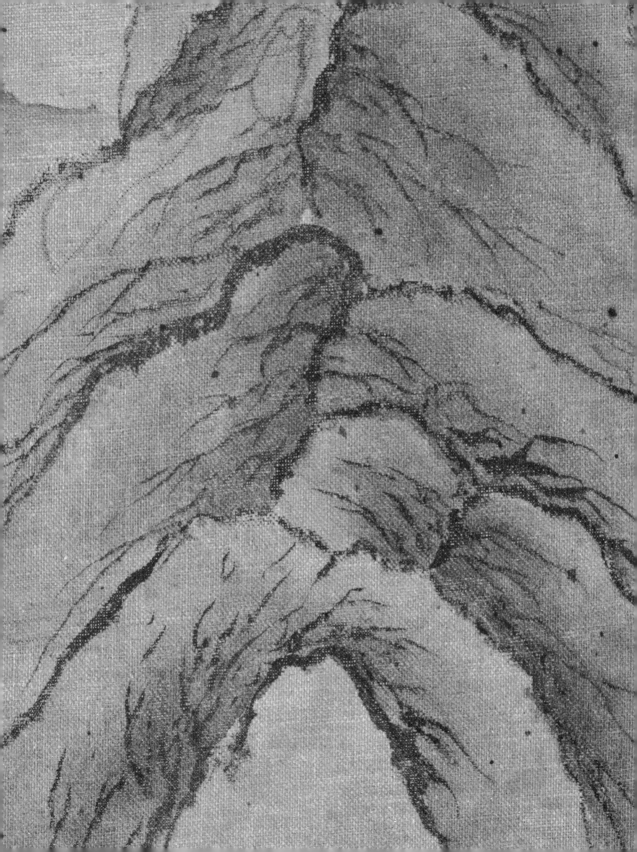

도는 대광보전 뒤로 또 대웅전이 있다. 이중二重 대웅전이다. 아마 대광보전 뒤로 대웅전이 없었더라면 유생들의 묏자리로 이 터가 가득 메워졌을 것이다. 그만큼 풍수가에서 탐냈던 명당 터가 대광보전 뒷부분이다.

_ ## 돌아와 세상을 보니
모두 꿈만 같아라

수백 년의 풍우를 버티며 서 있는 대광보전의 주련에는 두 개의 문구가 눈에 띈다. '각래관세간却來觀世間', '유여몽중사猶如夢中事'. '돌아와서 세상을 바라보니, 모두 꿈속의 일과 같구나'라는 뜻이다. 백범은 마곡사에 와서 1년 정도 머리 깎고 승려생활을 했다. 『백범일지』에 그 내용이 나온다. 법명은 원종圓宗이었다. 백범의 자질이 비범한 것을 파악한 주지 스님은 원종을 붙잡았다. "여기서 계속 승려 생활을 하거라." 하지만 팔자가 그랬는지, 백범은 풍찬노숙의 험난한 항일독립의 길로 나섰다. 백범이 만약 마곡사에서 계속 승려로 있었더라면 어떻게 되었을까. 도를 통하여 고승이 되지 않았을까. 안전하고 재정적으로 풍족했던 절인 마곡사에서 고승으로 한평생을 보내는 것과, 임시

자연에서 채우는 영적 에너지 9

강물을 바라보다 _ 물이 태극모양이나 S자로 흐르는 곳은 거의 명당이다. 태극모양이면 물이 느리게 흐르면서 주변에 수기水氣를 충분하게 공급해 주기 때문이다. 구례 사성암을 감아 돌아가는 강물은 거대한 S자 모양이다. 이 S자 모양의 강물은 아무리 바라보아도 지루하지 않다. 바다가 망망대해라면 강물은 강 건너편에 풍경이 있다. 풍경이 있다는 점이 보는 사람으로 하여금 이야기를 할 수 있도록 해준다. 강물이 주는 심리적인 효과는 흘러간다는 점이다. 쉼 없이 흐르는 강물을 보면서 사람은 시간의 흐름을 연상한다. 시간이 흘러가면서 모든 것이 지나간다. 번뇌, 걱정거리도 시간이 지나면 떠내려간다는 이치를 깨우쳐 준다. 강물처럼 세상사 모두가 흘러간다.

정부에서 항일 투쟁의 험난한 삶을 사는 것은 어느 쪽이 더 나은가. 인생은 정답이 없는 것 같다. 어느 쪽이 더 낫고, 어느 쪽이 더 의미 있는 인생의 길인지 단언할 수 없다. 자기 업보대로 길을 택한다. 인생의 갈림길에서 어느 길을 택할 것인지는 그 사람의 업보와 팔자가 선택하는 것 같다.

임시정부에서 수많은 고생을 하다가 광복을 맞이한 백범은 국내에 들어오자 마곡사부터 찾았다. 거의 50년 만의 방문이었으니 감회가 얼마나 깊었을까. 깊은 감회에 젖은 백범은 대광보전 앞에서 대중들과 함께 사진을 찍었다. 대광보전 앞에 50년 만에 죽지 않고 다시 선 백범은 '각래관세간, 유여몽중사'라는 구절을 보고 감개무량했다고 한다.

그가 머리 깎고 승려가 된 20대 초반에도 아마 이 구절을 보았을 것이다. 그때는 이 구절이 눈에 들어오지 않았겠지. 어찌 혈기 방장한 스무 살짜리 청년이 '몽중사夢中事'를 알았겠는가. 그러나 50년의 만고풍상을 겪고 70세가 되어 다시 그 대광보전 앞에 서니 이 구절이 가슴을 강타했을 것이다. '그렇구나! 몽중사로구나!' 인간은 자기가 겪어 보아야 깨닫는 이치가 있다. 세월을 어느 정도 살아 보아야 아는 진리가 있다. 책이나 머리로만 알 수 없는 진리가 '몽중사'다. 나는 마곡사에 갈 때마다 대광보전 앞에서 50년 만에 다시 돌아와 '각래관세간 유여몽중사'를 보았을 때 밀려왔을 백범의 감회를 더듬어본다.

2011년 가을, 마곡사 법당에서 7일간 수불修弗 스님의 인도 하에 화두를 잡고 간화선 수행을 해본 적이 있다. 그때 저녁 공양 후에는 백범이 머리를 깎은 삭발처의 냇물 줄기를 따라서 산책하곤 했다. 산세가 부드럽고 경내 전체를 냇물이 태극모양으로 감아 도는 모습이 마음에 들었다. 산세가 부드럽다는 것은 뾰족뾰족한 바위 절벽이 별로 보이지 않는다는 점이다. 바위가 많으면 강건하고, 육산으로 이루어지면 부드럽다. 그러면서도 전체적으로 수기水氣가 풍부해서 상기되는 기운을 잡아 준다. 신경을 많이 써서 머리가 상기되고 복잡해진 사람은 마곡사에 와서 머무는 것도 좋을 듯하다. 절 뒤쪽으로는 일반인들이 머물 수 있는 숙박시설이 있다. 백제 사찰의 전형적인 산세와 분위기를 지닌 곳이 공주 마곡사이다.

공주 태화산 마곡사

_ 마곡사 5층석탑. 2층 4면에는 사방불이 양각으로 새겨져 있다.

_ '큰 빛으로 가득찬 법당', 대광
보전의 문살은 소박하고 아름답다.

_ 대광보전 현판은 영정조시대의
화가 '표암 강세황'의 글씨이다.

공주 태화산 마곡사

_ 1,500여 년 전에도 흰 연기를 피워
올렸을 마곡사의 굴뚝.

나쁜 일을
좋은 결과로
이끄는 힘,
기도

기도하기 좋은 한국의 4대 관음도량

여수 금오산
향일암

바닷가에 있는 사찰은 어떤 장점이 있는가. 산 속에 있는 절과는 무엇이 다른가. 차이는 물〔水〕이다. 수행처 주위에 물이 있고 없고는 사람의 정신세계에 영향을 미치는 방향이 다르다. 물이 있으면 수기水氣가 보충된다. 수기가 있어야만 불〔火〕 기운을 조절할 수 있다. 불은 상승 작용을 하고, 물은 하강 작용을 한다. 불이 많고 물이 적으면 상승만 있고 하강은 없다. 하강이 없는 상승은 무리가 따른다. 피곤하다는 말이다.

불이 많아 생기는 병이 화병火病이다. 공황장애가 대표적이다. 요즘 공황장애 환자가 부쩍 많아졌다. 머리로 불이 치솟아서 생기는 병으로는 심장병도 있고, 뇌출혈도 있다. 동양사상에서는 정신과적 질환의 대부분이 불에서 연유되는 것으로 진단한다. 불이 많으면 성격도 적극적이라 밀고 나가는 힘이 좋다. 또한 다변가가 많다. 멈추지 않고 이야기를 계속하는 사람의 옆에 있는 것도 피곤하다.

기도발이 잘 받는 사람도 불이 많은 사람이다. 확 타오르는 기질이 있어야 점화點火가 된다. 기도도 점화에 해당한다. 이러한 불의 기운을 내려주는 역할은 물이 한다. 갈마음수(渴馬飮水 : 갈증 난 말이 물을 먹는 형국)라는 명당자리도 있듯이 물이 있어야만 열을 내릴 수 있고, 갈증을 해결한다. 수승화강水昇火降이요, 수화기제水火旣濟가 이래서 좋은 것이다.

물이 있다고 해서 누구에게나 좋은 것은 아니다. 머리를 많이 쓰는 정신노동자에게는 물이 좋지만, 내성적이고 너무 소극적인 사람에게는 좋지 않다. 소극적인 사람은 바위가 많은 암산에 있는 것이 좋다. 적극적인 사람은 물 가까이 있는 터가 좋다. 자기에게 맞는 터라는 것은 자기의 약점을 보완해주고, 지나치게 강한 점을 눌러주는 곳이다. 이를 비보裨補라고 한다.

터가 맞는지 안 맞는지는 살아보면 안다. 3년 이내에 판가름 난다. 그 안에 건강에 이상이 없고, 하는 일이 무난하면 맞는 터라고 본다. 아니면 건강에 이상이 온다. 기준은 건강 유무이다. 3년까지 기다리는 게 너무 길다고 여겨지면 꿈을 확인하는 방법이 있다. 자기하고 맞는 인연 터는 꿈에 나타나기도 한다.

_ 금오산의 기암괴석 절벽에 자리한 향일암.

여러 가지 상징으로 꿈이 온다. 길몽인가, 흉몽인가 둘 중의 하나이다. 그 터를 처음 방문했을 때 또는 거기서 잠을 자 보았을 때 인연이 맞으면 꿈에 나타난다. 영대(靈臺: 마음)가 밝은 사람은 단박에 꿈을 꾸고 둔한 사람은 시간이 지나서 꾼다. 남자보다 여자가 훨씬 빠르다.

바다, 강, 호수…, 모든 물은 무심無心으로 흐르다

물도 여러 가지가 있다. 바닷물, 강물, 호수, 연못으로 구별된다. 바닷물도 남해처럼 잔잔한 바닷물과 동해처럼 파도치는 바닷물의 성격이 약간 다르다. 극심한 번뇌에 휩싸여 있을 때에는 거친 파도가 있는 바다가 좋다. 파도를 쳐야만 번뇌를 씻어낸다. 어느 정도 씻어 내면 잔잔한 바다로 옮기는 수순이다.

강물은 바다와는 또 다른 물이다. 바다가 망망대해라면 강물은 강 건너편에 풍경이 있다. 이 풍경이 있다는 점이 보는 사람으로 하여금 이야기를 할 수 있도록 해준다. 강물이 주는 심리적인 효과는 흘러간다는 점이다. 쉼없이 흐르는 강물을 보면서 사람은 시간의 흐름을 연상한다. 시간이 흘러가면서 모든 것이 지나간다. 번뇌, 걱정거리도 시간이 지나면 떠내려간다는 이치를 깨우쳐 준다. 강물처럼 세상사 모두가 흘러간다. 그래서 인도의 명상가들은 갠지스 강가에 앉아서 명상을 한다.

호수는 바다와 강물에 비해서 잔잔하다. 잔잔하다는 것은 내면세계에 대한 집중력을 더 키워 준다는 뜻이다. 호수는 또한 달이 비춘다. '월인천강月印千江'의 도리가 여기에 있다. 하늘의 달은 하나인데, 지상의 호수마다 비치는 달은 천 개이다. 화엄華嚴 사상에서 말하는 '일즉다 다즉일一卽多 多卽一'의 이치를 호수에 비친 달은 눈으로 보여 준다. 눈으로 보여 준다는 점이 확실한 방법이다. 개념적으로는 이해하지만 몸으로 이해하기 위해서는 그 장면이 눈에 보여야 하는데, 호수는 이러한 이치를 보여 준다.

연못은 호수보다 작은 크기이다. 연못 역시 호수처럼 내면세계로 집중하는 데 도움을 준다. 연못은 작기 때문에 사람이 인공으로 조성할 수 있는 물이다. 풍수적으로 비보裨補의 의미를 지닌다. 그 터가 지닌 허결虛缺한 부분을 보충하는 차원에서 연못을 인공으로 조성하는 경우가 많다. 보충한다는 것은 무엇인가. 땅의 기운이 분산되지 않도록 막아주는 역할이거나, 주변이 너무 강한 바위산으로 둘러싸여 있을 경우에 화기를 상쇄시키기 위한 역할이 그것이다.

여수 향일암向日庵은 남해를 보고 있다. 남해는 파도치는 동해와는 느낌이 다르다. 잔잔하다. 마치 푸른 비단을 펼쳐놓은 것 같은 고운 바다이다. 향일암 앞에 펼쳐진 바다는 푸르고 잔잔하다. 푸르고 잔잔한 바다는 보는 사람으로 하여금 어떤 생각이 들게 할까. 무심無心이 아닐까 싶다. 무심이란 근심, 걱정이 없는 마음을 가리킨다. 우리들 근심 걱정은 머릿속에 너무 많은 분별分別이 탱자나무 울타리처럼 가지를 뻗고 있기 때문이다. 자기가 생각한 목표, 자기가 생각해놓은 어떤 기준, 자기가 생각하는 성공과 실패, 자기가 생각하고 있는 인간관계 등의 기준이 있다. 사실은 이 기준이라는 것이 알고 보면 망상이요, 분별이라고 선사禪師들은 말한다.

그런데 이 마음속에 얼기설기 쳐놓은 탱자나무 울타리를 쉽게 걷어낼 수 없다. 이 울타리만 걷어 내면 근심, 걱정이 없어질 것 같은데 말이다. 걷어 내고 싶어도 걷어지지 않는다는 데 문제가 있다. 이게 어려움이다. 이때 향일암에 올라가 그 앞에 푸르게 펼쳐진 남해를 보면 울타리를 치기 이전의 평온한 상태가 연상된다. 그게 무심이다. '아, 내가 원래 저런 마음이었지 않은가. 살면서 이것저것 온갖 가시나무 줄기를 스스로 마음속에 쳐놓은 것이로구나'는 이치를 바다는 보여 준다. 향일암은 본래 무심한 마음을 회복시켜 주는 환경을 지니고 있다.

좁은 바위 틈새를 지나야 부처님을 모신 대웅전으로 갈 수 있다.
세상의 모든 짐을 버리고 한없이 낮아지고 고요해지는 자연이 만든 해탈문이다.

기도의 답은
고비를 넘어야 온다.

특히 바닷가는 해조음海潮音이 들려온다. 1단계는 파도소리이고, 2단계는 바다에서 들려오는 알파파가 있다. 불교의 『법화경』과 『능엄경』에서는 소리에 집중하는 관음 수행법을 제시하는데, 그 관음이란 4가지 소리에 집중하는 것을 말한다. 범음梵音, 묘음妙音, 관음觀音, 해조음이 그것이다. 바닷가에 있는 절은 이 가운데서 해조음을 항상 들을 수 있는 위치이다. 낮에는 물론이거니와 꿈속에서도 해조음(파도소리)에 집중해야 한다고 말한다. 24시간 항상 해조음 소리에 집중하고 있으면, 어느 순간에 '이 소리는 무엇인가', '이 소리를 듣고 있는 주체는 무엇인가?' 하는 자각이 온다고 경전에 씌어 있다. 그 자각이 깨달음이다.

바닷가에 우리나라의 유명한 관음사찰이 자리 잡고 있는 이유는 해조음을 듣기 위해서이다. 동해의 낙산사 홍련암紅蓮庵, 서해의 강화도 보문사普門寺, 남해에는 금산의 보리암菩提庵과 여수 돌산의 향일암이 4대 관음도량이다. 모두 바닷가에 위치해 있다는 공통점이 있다. 실제로 바닷가 관음도량에서 참선을 해본 경험자들에 의하면 바닷가에서는 파도소리 말고 '우~웅' 하는 독특한 소리가 들린다고 한다. 이 소리는 의식이 어느 정도 정화되었을 때 들린다. 보통 사람은 들을 수 없고, 내면세계에 집중이 이루어진 수행자들이 들을 수 있는 소리이다. 과학자들은 바닷가에서 알파파가 나와서 사람들 마음을 편안하게 진정시켜 주는 작용이 있다고 말한다. 그래서 심한 정신적 고통이나 압박감을 느끼는 사람들은 바닷가를 걸어다니면 어느 정도 진정되는 효과를 느낀다.

향일암은 현재 돌산대교가 놓여 자동차를 타고 갈 수 있는 육지가 되었지만, 옛날에는 돌산도突山島라는 섬의 끄트머리에 자리 잡고 있는 절이었다. 보통 사람이 큰 맘 먹어야 갈 수 있는 성지였다. 아래에서 보면 향일암은 바닷가 끝 바위절벽 사이에 자리 잡고 있다. 마치 독수리 집 같은 험난한 지점에 앉아 있는 것이다. '금색 거북이'라는 뜻의 금오산金鰲山 지맥이 흘러 내려오다가 바다를 만나 더 이상 나가지 못하고 북동쪽 방향을 보고 바위가 뭉쳐진 지점에 향일암이 있다.

북동쪽 방향으로 자리 잡은 향일암은 아침에 동쪽에서 떠오르는 일출을 볼 수 있다. 이는 신령스런 거북이가 해를 맞이하는 형국이다. 옛날에는 금오암金鰲庵, 영구암靈龜庵으로 불리기도 했다. 모두 거북이와 관련 있다. 금오산이 거북이 형세이다. 향일암에서 바닷가 쪽을 내려다보면 주차장 쪽의 자그마한 산봉우리가 거북이 머리와 흡사하다. 왼발은 물 밖에 있고, 오른발은 물속에 담그고 있는 형세이다. 그래서 근래의 대선사인 경봉 선사는 이 절을 영구암이라고 불렀다. 그 뿐만 아니라 절 곳곳의 바위는 거북이 등껍질과 비슷한 무늬들이 있다. 지질학에서 말하는 '주상절리' 현상이다.

신기하게도 향일암은 거북이 모습과 흡사하다. 그러나 터는 순하지 않다. 터가 센 절이다. 어지간한 각오 없이는 이 절에서 6개월 이상 기도하기 어렵다고 한다. 터가 세면 마음이 싱숭생숭하고 주변 사람과 마찰을 일으키기도 한다. 그러나 일단 고비를 넘고 나면 기도발은 대단하다. 기도발도 아무나 오는 게 아니다. 고비를 넘어야 온다. 그 효과가 올 때는 확실하게 온다.

—   복이 없는 사람은
        기도할 줄도 모른다

향일암에서 가장 기도가 잘 되는 곳은 관음전觀音殿이다. 대웅전에서 왼쪽으로 바위 절벽 사이를 구불구불하게 걸어 올라가면 시야가 확 트인 공간이 나타나고, 여기에 관음전이 있다. 관음전 뒤로는 모든 기도터가 그렇듯이 바위 절벽들이 병풍처럼 버티고 있다. 바위절벽이 병풍처럼 버티고 있어야 기가 세다. 그리고 관음전 앞으로는 수채화 속에 나오는 푸른 바다가 고요히 펼쳐져 있다. 포근하면서 고요하고 평화스러움이 깃들어 있다. 이 관음전은 신라

시대 원효 대사가 수도하던 터라고 알려져 있다.

향일암 관음전에서 느낀 소감은 겨울에도 바람이 잔잔하다는 점이다. 대개 산 정상 부근의 절벽에 있는 암자들은 바람이 강해서 춥다는 느낌이 드는데, 이상하게도 이곳 관음전은 아주 포근하고 바람이 없었다. 살펴보니 서북쪽에 있는 커다란 바위병풍 탓이었다. 관음전의 서북쪽으로 높은 바위절벽이 막아주고 있다. 겨울에는 서북쪽에서 칼바람이 몰아쳐 오는데, 이 관음전은 천연적으로 조성된 바위병풍이 칼바람을 막아주고 있었다. 서북은 바위절벽이 막아주고 동남은 트여 있는 형국이었다.

세파에 시달려서 근심 덩어리가 천근의 무게로 짓눌러 오는 사람은 이 관음전에서 몇 시간 기도해 볼 것을 권한다. 죽기 살기로 기도하고 매달리면 그 어떤 가피가 있다고 믿는다. 박복한 사람들은 매달릴 줄도 모른다.

1970년대 중반쯤 대구에 사는 어떤 택시기사가 관음전에 와서 기도를 드렸다고 한다. 그는 머슴살이를 하다가 겨우 운전을 배워 개인택시를 갖게 되었다. 먹고 살 만해지니까 부인이 젊은 남자와 눈이 맞아 집을 나갔다. 택시기사는 향일암 관음전에 와서 자식을 키워줄 새 여인을 만나게 해달라고 빌었다. 어느 날 통행금지가 다가올 무렵 운전을 하는데, 웬 젊은 여인이 달성공

자연에서 채우는 영적 에너지 10

잔잔한 바다를 보다 _ 푸르고 잔잔한 바다는 보는 사람으로 하여금 어떤 생각이 들게 할까? 무심無心이다. 무심이란 근심, 걱정이 없는 마음을 가리킨다. 우리들 근심 걱정은 머릿속에 너무 많은 분별이 탱자나무 울타리처럼 가지를 뻗고 있기 때문이다. 자기가 생각한 목표, 자기가 생각하는 성공과 실패, 인간관계 등의 기준이 있다. 사실 이 기준이라는 것이 알고 보면 망상이요, 분별이라고 선사들은 말한다. 그런데 마음속에 얼기설기 쳐놓은 탱자나무 울타리를 쉽게 걷어낼 수 없다. 이게 어렵다. 이때 여수 향일암에 올라가 그 앞에 푸르게 펼쳐진 남해를 보면 울타리를 치기 이전의 평온한 상태가 연상된다. 그게 무심이다. 아, 내가 원래 저런 마음이었지 않은가. 살면서 이것저것 온갖 가시나무 줄기를 스스로 마음속에 쳐놓은 것이로구나 는 이치를 바다는 보여준다.

원으로 가자고 하는 게 아닌가. 아니 이 시간에 왜 공원을? 여인은 "거기 가서 죽으려고 한다. 남자에게 실연당했다. 처음 남자를 만났던 장소가 달성공원이니까 거기 가서 죽어야겠다"고 말했다. 택시기사는 여자를 설득했다. "죽지 마라." "그러면 당신이 내 인생 책임 질 거냐?"까지 대화가 오갔다. "책임지겠다."

압축하면 이렇게 해서 택시기사와 여인은 결혼에 이르렀다. 알고 보니 그 젊은 여인은 대구에서 밥 먹고 사는 집의 딸이라 돈도 있었다. 이 이야기가 대구 택시기사들 사이에서 퍼졌다. "향일암 기도발이 대단하다더라!"고. 지금도 대구의 택시기사들 사이에서 전라도의 향일암이 회자되는 배경이다.

제를 향한 악기 향일암 난간에 떠오르는 해처럼 늘 새롭게 마음을 닦고 공부하라는 뜻은 아닐까

향일암은 한때, '영구암'이라 불렸으며, 영구암의 '구'자는 '거북이',
금오산의 '오'자는 '자라'를 뜻하는 한자어다. 옛날 원효 대사가 향일암에서
공부하다가 떠날 때 그동안 보던 경전을 바다에 던졌는데,
다시 그 경전들이 육지로 올라와 향일암 법당 뒤의 '경전바위'로 변했다는
이야기가 전해진다. 신령스러운 거북이가 용궁으로 들어가는 터에
자리 잡은 암자가 향일암이다.

_ 2009년 화재로 전소되기 전의 대웅전. 지금은 원통보전으로 복원되었다.
대웅전 뒤로 책 모양의 경전바위가 보인다.

_ 신라시대 원효 대사가 수도하던 터라고 알려지는 관음전. 한겨울에도
바람 한 점 없는 포근한 기운이 가득하다.

닭이 알을
품듯
고요히 마음이
열리기를
기다리다

<u>19</u>

금닭이 알을 품은 산태극 수태극 형세
공주 계룡산
갑사

나는 계룡산파鷄龍山派의 후예라고 생각한다. 계룡산에서 공부한 역대 스승들의 지도를 받았고, 계룡산의 정신적 전통을 훈도 받고 자랐기 때문이다. 근세에는『정역』을 완성한 김일부 선생이 계룡산 국사봉 밑에서 공부하면서 수많은 학인들에게 영향을 주었다.

계룡산은 어떤 산인가? 수천 년 동안 이 땅의 수많은 수도자들이 인생의 번뇌와 세상의 고민을 털어버리려고 공부했던 산이다. 세상을 박차고 나와 기도를 하고, 고행을 하고, 추위와 굶주림에 시달리면서도 정신세계의 이치를 깨달으려고 노력했던 이들의 영혼이 지금도 산골짜기마다 살아 있다.

계룡산은 한반도의 거의 중심부에 있다. 중심에 있다는 것은 접근이 용이하다는 장점이 있다. 동서남북 사방의 정보와 여론을 수렴하기에 좋은 위치이다. 말하자면 균형 잡힌 시각을 가질 수 있는 지리적 위치이다. 중앙 토土기운이 강한 산이다. 거기에다가 산 주변에 논산, 강경 같은 평야지대가 전개되어 있어서 식량조달도 용이한 편이었다.

산의 높이도 700~800m 정도라서 인간이 올라 다니기에 딱 좋다. 산이 너무 높아도 위압감을 주지만 계룡산은 적당히 등산을 즐길 수 있는 높이인 데다가 산 전체가 통 바위로 되어 있어서 땅 기운이 뒤지지 않는다. 바위도 통바위로 되어 있으면 기운이 강하다. 조각조각 나누어져 있는 바위산보다 커다란 암괴로 산이 이루어져 있으면 기운이 묵직하고 강하게 다가온다.

거기에 산 전체가 산태극山太極 수태극水太極의 형세다. 덕유산 쪽에서 역룡逆龍해 올라가는 산맥과 금강의 강물이 북으로 역류逆流해 올라가면서 산맥과 강물이 서로 감싸 안는 지점에 계룡산이 자리 잡고 있는 것이다. 옛날 도인들은 산태극 수태극의 형국을 매우 상서로운 배합으로 보았다. 도 닦기에 좋다는 이야기이다. 산과 물이 남과 여처럼 서로 껴안는 형국에서는 물과 불이 조화를 이루어 그 터에 영기靈氣가 어리는 법이다. 이 영기를 먹어야 큰 인물이 된다.

계룡산은 이름도 흥미롭다. 닭과 용이 조합된 이름이다. 닭은 어떤 동물인가. 때가 되면 소리를 내어 우는 동물이다. 때가 도래했음을 알린다.

계룡산은 어떤 산인가? 수천 년 동안 이 땅의 수많은 수도자들이 인생의
번뇌와 세상의 고민을 털어버리려고 공부했던 산이다. 세상을 박차고 나와
기도를 하고, 고행을 하고, 추위와 굶주림에 시달리면서도 정신세계의
이치를 깨달으려고 노력했던 이들의 영혼이 지금도 산골짜기마다 살아 있다.
대적전으로 이어지는 돌계단에는 서걱거리는 댓잎 소리가 가득하다.

용은 조화를 부릴 수 있는 힘을 지닌 영물이다. 계룡鷄龍이란 뜻을 풀이하면 '때가 되면 작동하는 힘을 지닌 산'이다. 계룡산의 모양도 앞부분인 연천봉連天峰 쪽의 바위 형국은 닭볏처럼 생겼고, 그 뒷부분은 용의 허리처럼 생겼다. 그래서 계룡산에는 세상의 변혁을 꿈꾸었던 변혁지사變革之士들이 모여 들었고, 정감록의 메카가 되었다. 요즘 식으로 풀이하면 좌파의 산이었다. 좌左는 손에 공구工具를 집어 들고 있는 형태이다. 세상을 건설하고 공부工夫한다는 의미로 풀이하고 싶다. 우右는 입 구口자가 붙어 있으니 호구지책에 골몰한다는 뜻이다.

왜 갑사에는
힘센 장사가 많을까

그렇다면 계룡산의 갑사甲寺는 어떤 절인가? 갑은 으뜸이요 제일이라는 뜻이다. 갑과 을의 갑甲이다. 우리나라에는 '甲'자 들어가는 절이 몇 개 있다. 전남 영광 불갑산의 불갑사가 있다. 전해오는 이야기에 의하면 마라난타가 백제에 들어와 처음으로 지은 절이 불갑사라고 한다. 불갑사 단청에 보면 코브라가 그려져 있는데, 남방에서 사는 동물인 코브라가 그려져 있는 것은 인도에서 들어온 마라난타의 영향이라고 본다.

영암 월출산에는 도갑사가 있다. 그리고 계룡산의 갑사이다. 이 3개의 갑자 들어가는 절을 가리켜 '쓰리 갑'이라고 부른다. 백제의 고찰들이다. 갑사도 백제시대 5세기 무렵에 세워졌으니 비교적 일찍 세워진 절이다. 계룡산에서 가장 기운이 강한 터에 세워졌다고 보인다.

갑사에는 예로부터 장사가 많이 배출된다는 전설이 있다. 임진왜란 때에 승병을 이끌었던 의승군 대장 영규靈圭 대사도 차력술借力術을 지닌 장사 스님이었다고 전해진다. 차력에도 소차小借와 대차大借가 있는데, 대차의 힘은 커다란 황소가 지닌 힘을 가진다. 그런가 하면 조선 후기에 반체제 승려들의 비밀결사였던 당취黨聚 승려들의 주요한 우두머리 스님들이 갑사에 많이 머물렀다고 전해진다.

당취들은 철저하게 그 조직이 비밀에 싸인 반체제 승려들 모임이었다. 이성계가 을해년에 태어난 돼지띠였기 때문에 당취들은 돼지고기를 씹을 때마다 '성계육成桂肉'을 씹는다고 여겼다. 불교를 탄압한 조선왕조의 개창조인 이성계를 저주했다. 구한말에 갑사에 있었던 당취 대장은 70대의 나이였는데도 불구하고 양손에 커다란 물 양동이를 들고 물을 길러 다닐 정도의 장사였다고 한다.

갑사에는 왜 장사가 많았는가. 우선 갑사의 터가 기운이 좋다. 지맥에서 강력하면서도 거친 기운이 흐른다. 이는 기천문氣天門의 2대 문주인 박사규 선생이 10년 전쯤 나에게 해준 이야기다. 그 무렵 박사규 문주는 갑사 입구에서 수련하고 있었다. 갑사의 승려들이 힘이 센 또 하나의 이유는 물 때문이라고 보고 있다. 물이 좋다는 말이다. 물에 각종 영양가 높은 미네랄이 함유되어 있어서, 이런 물을 오래 먹다 보면 건강이 좋아지고 힘이 세진다고 본다. 더군다나 갑사의 물은 북간수北間水다. 터의 북쪽에서 흘러내려 오거나 샘솟는 물을 북간수라고 한다. 갑사의 우물은 대웅전 뒤쪽에 자리 잡고 있다. 북은 오행에서 수水의 방향이다. 제대로 된 방향에서 흘러오는 물이야말로 진짜 물이라고 여기는 것이 오행적 세계관이다. 물도 어느 방향에서 흘러오느냐에 따라 그 성질이 다르다고 본다.

—   삼불봉 위에 달이 떠오르면
         자기 내면을 볼 수 있다

갑사에 들어가면 입구에 파란색으로 '鷄龍甲寺(계룡갑사)'라고 쓰여진 현판이 걸려 있고, 그 오른쪽 밑으로 '甲生三角法門開(갑생삼각법문개)'라는 주련 글씨가 주목을 끈다. 수수께끼 같은 문구이다. 보통 사찰의 주련에 써진 글씨들은 불교 경전을 인용한다.

_ 갑사의 철당간. 당간은 법회를 볼 때 깃발을 걸어 놓는 용도이다. 원래 28칸이었는데 4칸이
소실되었다. 영규 대사는 철당간을 뛰어 올라가는 무술 실력을 갖추었다고 한다.

_ 갑사의 터는 금계포란. 금닭이 알을 품은 모습이다. 금닭의 알은 대적전으로 넘어가는 다리를
건너면 바로 앞에 놓여 있다. 바위에 금계암金鷄岩이라고 새겨져 있다.

　　그러나 이 문구는 경전의 내용이 아니다. 누군가가 자신이 직접 체험한 어떤 깨달음의 경지를 피력한 내용이다. '삼각에서 갑이 나오니 법문이 시작된다'는 말은 무슨 뜻인가. 풀기가 쉽지 않다. 절 이름이 갑사甲寺이므로 '갑'에서 시작된 것으로 짐작해 볼 뿐이다.

　　이런 의문을 가지고 돌계단을 올라 갑사의 대웅전 마당에 들어선다. 대웅전을 마주 보고 오른쪽 편의 산세를 보니 봉우리 3개가 눈에 들어온다. 계룡산의 삼불봉이다. 바위 봉우리 3개가 옆으로 나란히 늘어서 있는 형국인데, 부처님처럼 생겼다고 해서 붙여진 이름이다. '삼각'은 삼불봉을 지칭하는 것으로 짐작된다.

　　지남침을 가지고 삼불봉의 방향을 재어 보니 곤방坤方으로 나온다. 풍수의 24방 가운데 하나인 곤방은 남서南西 방향을 가리킨다. 정남正南에서 약간 서쪽으로 기울어진 방향이다. 이 곤방에 세 분의 부처님이 서 계시는 형국이다. 그렇다면 '갑이 삼각에서 나온다'는 것은 약간 짐작이 된다. 달이 떠오르는 모습을 묘사한 것이 아닌가 생각된다. 보름달이 동쪽에서 떠서 약간 시간이 지나면 삼불봉 위에 걸려 있게 된다. '갑생삼각甲生三角'은 보름달이 삼불봉 위에 걸려 있는 모습을 비유한 것이다.

　　여기에서 달은 하늘의 달도 해당되지만, 깨달음의 달을 가리킨다. 이중적 의미가 있는 달이다. 하늘의 달이 삼불봉 위로 떠오르는 그 시간에 우주적인 깨달음도 동시에 이루어졌다는 의미로 해석된다. 내가 깨닫지 못해서 확언은 못 하겠지만 여러 가지 정황으로 봐서 추론은 할 수 있다. 깨달음을 상징하는 마음속의 심월心月이 삼불봉 위로 떠올랐을 때 법문이 시작되는 것이다. 불가에서 심월은 깨달음을 상징한다. 5번째 차크라(Chakra, 생명의 에너지 또는 기氣가 모이는 곳)인 아즈나 차크라(미간 사이에 위치, 제3의 눈 혹은 지혜와 각성의 눈)가 열리면 자기 내면의 달을 볼 수 있다고 한다. 심월을 본다는 것은 아즈나 차크라가 열렸다는 의미이기도 하다.

　　그 다음 주련의 내용이 '艮佛蓮花君子處(간불련화군자처)'이다. 마지막 글자가 '처處'인지가 확실하지 않다. 초서로 쓰여져 해독이 어렵다. 만약 '처'라고 읽는다면 '간방에 있는 부처님이 연화대에 있으니 군자의 처소로다'고 해석된다. 종합하면, 조선시대에 어떤 도인 스님이 삼불봉 위로 달이 떠올랐을 때 한 소식을 하고 읊은 게송인 것이다.

아마도 스님의 처소는 삼불봉을 마주 보는 남서향에 위치했을 것이다. 남서향의 건물은 갑사 경내의 진해당振海堂이 될 수 있고, 또 하나는 갑사 위로 30~40분 올라가면 있는 신흥암이 해당될 수 있다. 신흥암은 삼불봉을 마주 보고 있다. 역대로 갑사의 도인 스님들이 신흥암에서 많이 나왔다고 한다. 유교는 바위산을 살기殺氣가 뻗친다고 해서 피하는 경향이 있지만, 불가는 되도록 바위 봉우리를 향해 건물의 방향을 잡는다. 바위 봉우리에서 나오는 기운이 깨달음과 기도에 영향을 미친다고 보기 때문이다. 따라서 비슷한 높이의 3개의 바위 봉우리가 연속해서 서 있는 삼불봉은 불교 승려들이 아주 좋아할 만한 봉우리이다.

금닭이 알을 품고
깨달음을 기다리다

임진왜란 때 갑사는 의승군 대장 영규 대사의 사찰이었으므로 왜군에 의해 전부 불타버리는 피해를 입었다. 현재의 갑사 자리는 임란 이후에 옮겨서 지은 자리이다. 원래 자리는 오른쪽 작은 계곡의 다리를 건너가면 나타나는 대적전大寂殿 자리다. 대적전 자리에 서 보니 양쪽 계곡물이 흘러와 합수合水 되는 지점에 자리 잡은 터이다. 계곡물이 합수 되는 지점은 영지靈地이다.

원래 불가에서는 삼산양수지지三山兩水之地를 좋은 절터로 생각한다. 뒤쪽에서 봉우리 3개가 연달아 내려오다가 그 앞에 계곡물이 만나는 지점이 '삼산양수'이다. 대적전 자리는 전통적으로 불가에서 선호하는 자리임에 틀림없다. 양쪽 계곡에서 흘러오는 물이 수기水氣를 보충해주면서 그 터의 기운

계룡산은 닭과 용이 조합된 이름이다. 닭은 어떤 동물인가. 때가 되면 소리를
내어 우는 동물이다. 때가 도래했음을 알린다. 용은 조화를 부릴 수 있는
힘을 지닌 영물이다. 계룡鷄龍이란 뜻을 풀이하면 '때가 되면 작동하는
힘을 지닌 산'이다. 계룡산의 모양도 앞부분인 연천봉連天峰 쪽의 바위 형국은
닭볏처럼 생겼고, 그 뒷부분은 용의 허리처럼 생겼다. 그래서 계룡산에는
세상의 변혁을 꿈꾸었던 변혁지사變革之士들이 모여 들었고,
정감록의 메카가 되었다. 요즘 식으로 풀이하면 좌파의 산이었다.

을 밖으로 빠져 나가지 않게 보존해주는 작용을 한다. 대적전 자리는 뒤쪽의 삼불봉에서 내려오는 맥이니 '삼산양수지지'인 것이다. 흥미롭게도 철당간鐵幢竿이 대적전 앞에 조금 내려간 지점에 서 있다. 당간은 법회를 볼 때 깃발을 걸어놓는 용도이다. 이 철당간의 위치도 풍수적으로는 합수 지점에 서 있는 것으로 보아서 터의 기운을 보호하기 위한 비보적裨補的인 고려를 한 것이다.

갑사의 철당간은 유명하다. 원래 28칸으로 되어 있었는데, 고종 때 벼락을 맞아 4칸이 소실되고 현재는 24칸이 남아 있다. 28은 하늘의 별자리인 28수宿와 일치하는 숫자이다. 전설에 의하면 영규 대사가 철당간을 뛰어서 올라가는 무술 실력을 갖추고 있었다고 한다.

갑사의 터는 금계포란金鷄抱卵 형국이라고 알려져 있다. 삼불봉과 수정봉이 양쪽으로 겹겹이 둘러쳐져 있어서 그 한가운데에 자리 잡은 형국이다. 금닭이 알을 품고 있다고 본 것이다. 그렇다면 금닭의 알이 어디 있는가. 갑사에서 대적전으로 넘어가는 다리를 건너면 바로 앞에 바위가 하나 있고, 바위에 금계암金鷄嵒이라고 새겨져 있다. 금계의 알이다.

이 글씨를 새긴 이는 일제강점기 때 유학자이자 불교를 좋아하는 처사였던 윤덕영이라는 인물이다. 그는 일본사람이 싫어서 계룡산에 들어와 살았다. 그리고 갑사 계곡에 갑사구곡甲寺九曲을 정했다. 구곡은 중국의 주자가 무이산武夷山의 아름다운 계곡 아홉 곳을 정하여 이름 지은 뒤 오곡에 정자를 지어 제자들을 가르친 데서 시작한다. 조선시대 기호학파들도 구곡 정하는 것을 좋아했다. 구곡에서는 항상 오곡五曲이 중심지다. 담양 소쇄원도 구곡 가운데 제5곡에 자리 잡고 있다.

윤덕영은 계곡물 소리가 24시간 들리는 오곡 지점에 자신의 거처인 간성장艮成莊을 지어놓고 암울한 식민지의 한 세월을 보냈다. 재산도 있었고, 자존심도 강하고, 학문도 있고, 수도에 대한 열망도 있었던 인물로 추정된다. 지금도 간성장 건물은 잘 보존되어 있다. 갑사에 외부 손님들이 많이 올 때는 간성장을 숙소로 사용한다고 한다. 계곡 물소리가 잘 들리는 지점은 삶의 번뇌가 많은 사람들이 머무르면 좋은 위치이다. 잠을 자다가 꿈결 속에서도 물소리를 들으면 근심 걱정이 씻겨 내려간다.

계룡산은 도를 닦는 수많은 수도인들에게 영양분을 제공하고 있는 민족의 성지이다. 정신세계의 젖줄이다. 그 계룡산의 정기가 모여 있는 곳이 갑사이고, 갑사의 기운은 아직도 쇠락하지 않고 여전히 생생하다.

.

일생에 한 번은
목숨을 걸어 볼
일이 있어야
한다

미륵신앙 창시자 진표 율사 생가 터 추정
김제 비산비야의
학성강당

'영靈'의 본래 뜻은 무엇인가? 우선 무당의 '무巫'가 밑바탕에 깔려 있다. '무'는 하늘(一)과 땅(一)을 세로로(I) 연결하는 사람(人)을 가리킨다. 무당을 간단히 볼 게 아니다. 이 무당이 입[口]으로 중얼중얼 주문을 외우며 간절하게 빈다. 그러면 하늘에서 비(雨)가 내린다. 따지고 보면 가뭄에 비 내리게 하는 것이 영험한 일이었던 것이다. 문제는 비였다. 비가 오지 않으면 가뭄이 들어 다 굶어 죽는다. 전쟁보다 무서운 것이 가뭄이었다. 이렇게 놓고 본다면 영지靈地의 어원적 의미는 비를 내리게 해주는 장소다.

비는 하늘에서 내리는 비도 있지만 우리 몸 안에서 내리는 비도 있다. 신장腎臟에서 품어 올려주는 수기水氣가 그것이다. 근심걱정을 너무 많이 하고, 매일 신경 써야 먹고 살고, 운동부족이고, 화가 치솟을 일만 많아지면 결국 수기가 고갈된다. 그러면 심장병, 우울증, 뇌졸중, 공황장애가 온다. 수기를 회복시켜 주는 곳이 어디인가? 바로 마음을 가라앉혀 주는 곳이 영지다.

그러자면 고전을 공부하는 것도 방법이다. 과거로 돌아가는 것도 치유 방법이다. 너무 새로운 것만 좇다 보면 긴장이 뒤따른다. 조상들이 공부했던 방법으로 돌아가면 안정감이 든다. 전북 김제에 가면 한옥으로 지은 학성강당學聖講堂이 있다. '성인의 가르침을 배우는 강당'이라는 뜻이다. 영지는 산 위에도 있지만, 비산비야非山非野의 강당에도 있다. 여기에서는 주로 유학의 경전들인 대학, 중용, 논어, 맹자를 배우는 곳이다. 수업료가 없다는 점이 특징이다.

학성강당의 강주講主는 청곡靑谷 김종회 선생이다. 중키 정도의 신장에 단단한 체격이다. 얼굴은 수더분하게 생겼다. 시골사람 같은 인상을 풍기면서도 포용력과 함께 내면에는 자기 신념이 강하다는 느낌을 준다. 처음 볼 때는 시골사람 같은 인상이 들지만, 자꾸 사귀어 볼수록 인간적인 매력이 다가온다. 이런 사람이 '진국眞局' 소리를 듣는다. 청곡은 '수업료를 받으면 훈장이 되고, 수업료를 안 받으면 선생이 된다'는 지론을 가지고 있기 때문에 돈을 받지 않는다. 선생이 어떻게 돈을 받을 수 있느냐는 것이다.

너무 새로운 것만 좇다 보면 긴장이 뒤따른다. 조상들이 공부했던 방법으로 돌아가면 안정감이
든다. '성인의 가르침을 배우는 강당'이라는 뜻의 학정강당 전경.

세상의 기준이 바뀌었지만 청곡은 고집스럽게도 조선시대의 '선생관'을 아직도 유지하고 있다.

수강생은 고등학생도 있고, 대학생도 있고, 직장인도 있고, 한의사나 변호사 같은 전문 직종에 종사하는 사람들도 고전을 공부하러 온다. 전문 직종에 있는 사람들이 많이 와서 공부한다는 게 특징이다. 전문직종일수록 학교 다닐 때 법학이나 의학에 몰두했다. 전문직이 되었다. 하지만 인생 산다는 게 전문직이라는 직종만 가지고 다 해결되는 것이 아니다. 살면서 풍파를 겪는데, 이 풍파를 감당하려면 동양의 경전공부를 해야만 한다. 경전 공부 없이 자기계발서만 가지고 이 세상 건너가기가 힘들다. 자기계발서도 장점이 있고 단점이 있지만, 주목되는 단점은 생로병사에 대한 성찰이 빠져 있다는 점이다. 질병과 죽음, 그리고 늙어감에 대한 번뇌는 어떻게 할 것인가. 세상이 아무리 변한다 하더라도 인간의 생로병사는 변하지 않는다. 10만 년 전의 원시인이나 지금 사람이나 생로병사는 동일하다. 이 생로병사에 대한 축적된 성찰이 바로 동양의 경전에 나와 있다. 중년의 고비를 넘기려면 반드시 경전에 대한 공부를 거쳐야 한다. 인생 선배들이 했던 고민을 참고하면 감당할 수 있다. 그래서 경전 공부는 서두를 필요가 없다. 주어진 상황대로 하는 것이다. 몇 년을 하는 사람도 있고, 몇 달을 하는 사람도 있고, 형편상 주말에만 와서 공부하는 사람도 있다.

죽기로 작정한
진표 율사의 불가사의한 수행

청곡 선생에게 물었다.

"학성강당 자리는 산도 아니고 들판도 아닌 '비산비야'다. 이런 터에 대명당이 많다고 들었는데, 이 자리는 어떤 자리인가?"

"내가 보기에는 미륵신앙의 창시자인 진표 율사眞表律師가 태어난 생가 터가 아닌가 싶다. 『삼국유사』에 보면 진표 율사는 현재 김제의 만경현 대정大井 출신으로 되어 있다. 학성강당 터의 원래 이름이 대석정大石井이었다. 일제강점기 때 대석大石으로 지명이 변화되었고, 현재는 성덕면 대석리大石里로 되어 있다. '구글 어스'로 성덕면을 보면 사람 형상이고, 학성강당 자리가 그중에서도 배꼽자리에 해당된다. 대석리에서는 이 자리가 가장 기운이 뭉쳐 있는 곳이기 때문에 진표 같은 인물도 이 학성강당 자리에서 태어났다고 생각한다."

진표 율사는 누구인가? 한국 미륵불교, 미륵신앙의 창시자에 해당하는 인물이다. 삼국유사에 의하면 백제의 만경현 출신이라고 되어 있다. 백제가 망하고 난 뒤에 태어나 종교적 카리스마로 인하여 전국구 스타가 된 셈이다. 소년 진표는 어렸을 때 논에 나가 장난삼아 개구리를 잡아 줄에 꿰어놓았는데, 깜빡 잊어버리고 있다가 다음 해에 그 자리에 가보니까 여전히 이 개구리들이 살아서 개굴거리며 울고 있는 장면을 보고 충격을 받아 출가하였다고 전해진다. 동정심과 자비심이 컸던 것이다. 그는 변산의 '부사의방不思議房'에서 수행하였다. 불가사의한 초능력이 나타나는 수행터라는 의미이다. 깎아지른 변산 의상봉의 절벽 한 귀퉁이에 있는 터이다. 한두 명이 겨우 앉을 수 있는 좁은 구석이다. 한 발만 헛디디면 30~40m 낭떠러지로 떨어지는 공포감을 주는 절벽 귀퉁이에 부사의방이 있다. 보통 사람은 이 터에 서 있기만 해도 오금이 저린다. 절벽 위의 아슬아슬한 느낌 때문이다.

진표는 이 터에서 목숨 걸고 기도를 하였다. 참회懺悔이다. 『삼국유사』에는 망신참亡身懺을 하였다고 나온다. 망신참은 목숨을 버리는 참회를 일컫는다. 진표는 결국 참회를 하다가 감응을 얻지 못하자, 그 몸을 절벽 아래로 던졌다고 한다. 그러자 놀라운 일이 벌어졌다. 지장보살이 나타나 떨어지는 몸을 받아 다시 원래 자리로 올려 보냈다. 지장보살의 가피를 받았던 것이다. 그 뒤 진표에게는 엄청난 초능력이 생겼다. 그가 가는 곳마다 대중들이 운집하였다. 나라를 잃은 백제 유민들은 꿈이 사라졌다. 망국의 유민들에게 진표가 나타난 셈이다. 그는 미륵이 온다고 백제 유민들에게 설파했을 것이다. 그때를 기다려라! 당신 말을 어떻게 믿느냐고 물었을 때, 진표는 엄청난 신통력을 보여주었다. 병자를 고쳐주고, 냇물을 건널 때 자라들이 몰려와 다리를 만들어주어 진표를 건너가게 했다는『삼국유사』의 설화들이 그러한 불가사의한 신통력을 보여준다. 종교는 이론이 아니다. 신통력을 보여줄 때 사람들은 믿고 따른다. 신심을 내는 것이다. 진표는 엄청난 종교적 가피력을 받은 인물이었음이 분명하다.

오늘날 한국에 남아 있는 미륵신앙, 특히 구백제권에 남아 있는 미륵신앙은 모두 진표의 영향을 받은 것이라고 본다. 충남이나 전북 지역에 커다란 형태의 미륵불, 예를 들면 논산의 은진미륵, 개태사의 미륵삼존불, 대조사大鳥寺의 바위에 새겨진 커다란 미륵불이 모두 구백제의 미륵신앙, 특히 진표의 미륵신앙 전통을 계승하고 있다. 거시적으로 보면 이러한 유적들이 모두 진표 미륵신앙의 영향이다. 진표의 미륵신앙은 신라가 망하고 고려에 들어와서도 유행하였다. 새로운 사회적 변화, 혁명적 분위기에서 단골로 등장하는 종교적 상징이 바로 미륵불이었던 것이다. 조선조로 내려오면서도 미륵신앙은『정감록』과 결합하여 유교체제에 대항하는 대항 이데올로기의 역할을 하였다. 조선왕조를 타도하는 것은 미륵불과 정도령이라는 풍수도참 신앙이 바로 그것이다. 미륵신앙은 반체제의 신앙으로 전승되어 왔던 것이다. 이러한 미륵신앙의 창시자가 바로 진표이고, 그 진표가 태어난 동네가 김제 학성강당 자리라고 한다면 이 또한 굉장한 의미가 있다.

호남의 손꼽히는 유학자, 풍수의 대가 청곡 선생

내가 보기에 청곡 선생은 풍수의 대가다. 풍수이론과 땅의 기운을 보는 영안靈眼을 모두 갖추었기 때문이다. 대개 이론에 능하면 영안이 열리지 못했고,

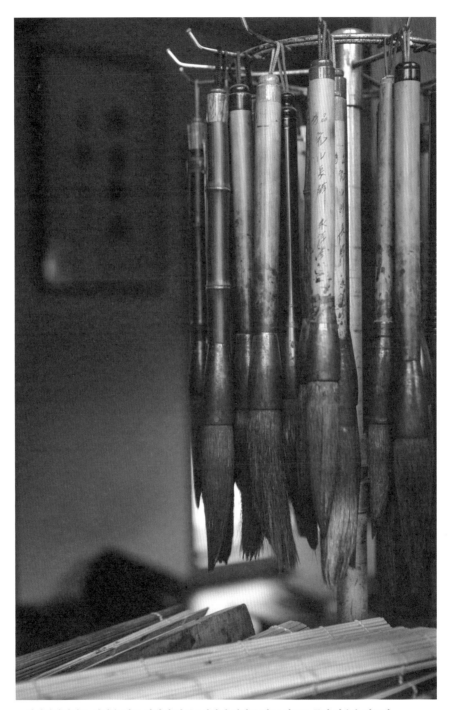

_ 학성강당에서는 경전을 읽는 간경과 하루 1시간씩 정좌를 하는 것으로 몸과 마음을 닦는다.

영안이 있는 사람은 이론과 경전 공부에 약하다. 이 두 가지를 모두 갖추기는 쉽지 않다. 청곡은 어렸을 때부터 독특한 가정환경에서 자랐다. 그의 부친인 화석和石 김수연金洙連 선생은 호남의 손꼽히는 유학자이다. 기호학파의 마지막 장문인인 간재艮齋 선생의 학맥을 이은 계승자이며, 전북 지역의 유학을 대표하는 현존 인물이다. 학성강당은 그의 부친인 화석 선생이 운영하던 서당을 아들인 청곡이 계승 발전시킨 셈이다. 가학家學을 계승했다.

유학儒學을 하면 반드시 따라오는 것이 풍수다. 유학과 풍수는 동전의 앞뒷면, 또는 음과 양의 관계다. 유학에서 언급하지 않은 죽음의 문제에 대한 해결책, 죽은 부모에 대한 효孝, 명당에 산소를 쓰면 후손이 발복發福한다는 주술적 측면. 이 3가지가 모두 풍수에 담겨 있다.

청곡은 어려서부터 집안에 출입하던 수많은 지관地官들을 보며 자랐다. 만경은 모악산과 금산사가 지척에 있다. 구한말과 일제강점기에 걸쳐 전국의 수많은 도사와 술사들이 운집했던 곳이 바로 이 지역이라는 사실을 참고해야 한다. 김제 모악산 일대는 후천개벽의 성지였던 것이다. 다양한 수준의 지관들은 청곡 집에서 몇 년씩 기거하는 경우가 많았기 때문에 유년시절부터 청곡은 풍수에 관한 전설과 설화들을 들으며 성장했다. 부친을 포함해 집안어른들 모두가 풍수전문가라고 해도 과언이 아니었다.

집안에는 성백운成白雲이라는 이름의 전속 지관도 같이 살았다. 청곡이 어렸을 때 박광오朴廣悟라는 80대 노인도 옆집에 살았는데, 평생 동안 전국의 명당을 보러 돌아다닌 프로페셔널 지관이었다. 박광오는 그 유명한 강증산을 직접 만나서 가르침을 받은 세대였고, 강증산을 신처럼 모신 인물이었다. 그들은 "증산이 주문을 외우면 진흙땅도 얼어붙는다. 겨울에 수박을 먹고 싶으면 수박을 만들어 준다"는 이야기를 어린 청곡에게 들려주었다. 지금 들으면 황당하기 그지없지만, 청곡에게 초월세계에 대한 상상력을 크게 키우는 계기가 되었다. 어렸을 때는 좀 황당한 이야기를 많이 들어야 스케일이 커진다.

청곡이 어렸을 때는 한문공부 안 한다고 부친으로부터 회초리도 많이 맞았지만, 이후로는 취직해라, 성공해라, 좋은 대학 가라는 이야기는 듣지 않고 컸다. 중학교를 졸업한 뒤로는 사춘기 반항심도 작용한 나머지 수시로 집을 나와 전국을 걸어서 돌아다녔다. 차를 타지 않고 대부분 걸어 다녔다. 생과 사는 무엇인가? 종교는 무엇인가? 어떻게 해야 도를 통하는 것인가? 하는 의문을 품고 다녔다. 경상도, 전라도, 충청도, 전국의 민족종교 종단을 찾아 다녔다. 많은 도사들과 이야기를 나눠 보았다.

걸어 다녀서 차비는 별로 들지 않으니 먹는 것이 문제였다. 시골동네에서 밥을 얻어먹기도 하고, 암자에서 묵고, 허름한 시골집 창고에서 잠을 잤다. 고등학교 과정은 검정고시로 마쳤다. 지방에서 4년제 대학도 마쳤다. 그렇지만 중간 중간에 기약도 없고 목표도 없는 주유천하가 계속되었다.

"나는 생사 문제가 아직 해결 안 되었다. 죽음이 두렵다. 죽음에 대해서 어떻게 생각하나?"

"태극도설太極圖說을 보고 정리가 되었다. 태극에서 음양이 나오고, 음양에서 오행이 나와 만물을 형성한 것 아닌가. 문제는 최초의 출발인 태극이다. 태극이 무엇인지를 알아야 한다. 어머니 뱃속에 있기 전에 나는 어디 있었는가? 불가의 화두가 부모미생전父母未生前이다. 부모미생전은 무극無極이다. 아침, 저녁으로 태극도설을 외운다. 이걸 외우면 생사에서부터 세상사의 복잡다단한 일이 다 이치로 환원되는 것 같다. 태극도설을 외우고 정좌하고 앉아 있으면 나의 내장 모습이 보인다."

"접신接神과 보호령의 문제는 어떻게 보는가?"

"난자와 정자가 합쳐져서 잉태되면 그 순간에 보호령이 붙는다. 만약 이 보호령이 몸 속에 들어가면 접신이다. 보호령은 그 사람이 좋은 길로 인도하도록 도와주는 조력자이다. 부지불식간에 보호령이 그 사람의 행보를 이끈다. 서양에서는 수호천사라고 부른다. 접신은 몸 속에 들어가 몸주主가 되는 것이다. 접신이 되면 자유의지가 없어진다. 보호령과 접신은 다른 것이다."

"동양에서 혼魂과 백魄을 이야기한다. 혼과 백은 어떤 개념인가?"

"혼은 아버지로부터 받은 기운이고, 백은 어머니로부터 받은 기운이다. 두 기운이 만나면 태극이 형성된다. 흔히 삼혼칠백三魂七魄이라 한다. 삼혼은 천·지·인의 기운을 가리킨다. 천은 검정색, 지는 노란색, 인은 파란색의 기운이다. 칠백은 해와 달, 그리고 수·화·목·금·토다. 사람이 죽어서 뼈가 보존되면 백이 보존된다. 백이 보존되면 삼혼이 의지하는 의지처 역할도 한다. 혼과 백이 합쳐져야 묘용이 생긴다. 명당에 묘를 쓰면 백이 오랫동안 보존된다. 묘용이 발생한다는 이야기이다. 죽은 사람의 혼백은 음이다. 살아 있는 후손은 양이다. 음과 양이 만나야 묘용이 생긴다. 인간의 병도 삼혼과 칠백의 균형이 어그러지면 온다."

불안한 시대,
경전을 읽고 명상을 하라

"수水의 시대가 왔다는 이야기는 무엇인가?"

"그동안은 화火의 시대였다. 모든 에너지와 문명의 원천이 불이다. 그러나 이제 물의 시대가 도래했다. 물이 중요하다. 중국은 수의 시대가 도래하면 민족, 이념, 경제 문제로 5개국 아니면 10개국으로 나눠질 수 있다. 돈은 상해, 권력은 북경이 나누어 가지고 있는데, 수의 시대가 되었으니까 이제 돈과 권력이 충돌할 가능성이 있다. 거시적으로 보았을 때 수의 시대가 되면 동북아시아가 공동체가 되어야 한다. 블록화 되어야 한다는 말이다. 그렇지 않고 서로 싸우면 곤란해진다. 물이 서로 섞여야 한다. 동북아공동체는 한자가 중심이 되어야 한다. 한자는 중국에서 시작되었지만 이미 한국, 일본에도 뿌리를 내렸다. 서양도 알파벳을 공통으로 사용하지 않는가. 한자는 동북아의 알파벳이다."

"한국의 정세는 어떻게 보는가?"

"박정희 시대가 창업의 시대였다. 불의 시대였다. 경제발전, 산림녹화,

치산, 경제행복이다. 그러나 이제 수의 시대다. 수성守城을 해야 한다. 인문학, 분배, 치수治水가 수성에 해당한다. 베트남전 파병과 서독 광부, 중동 근로자 파견은 한국발전의 요인이었다. 여기에는 유교의 가족주의가 공이 컸다고 본다. 가족을 위해 자기를 희생해도 좋다며 자식을 교육시켰다. 그러나 이제 분배와 문화의 시대가 왔다. 사욕私慾은 억제하고 공욕公慾은 장려해야 한다. '자식을 낳지 않는다. 부모를 모시지 않는다. 젊어서는 내가 즐기고 늙으면 요양원 간다. 자식 필요 없다. 강아지 키우면 된다.' 이런 것은 사욕이 아닌가 싶다. 사욕이 지배하면 사회가 황폐해진다. 강아지만 키우는 사회가 결코 행복하겠는가? 이 지점에서 유교의 역할도 있다고 본다. 그것은 공적인 욕망이다. 공동체를 배려하는 유교의 이상이 그것이다. 즉 유교적 공욕으로 가정과 가족을 회복시켜야 한다고 본다."

"유교적 수양방법이 무엇인가?"

"수신修身과 치인治人이다. 정치를 하려면 수신이 근본이다. 수신은 경전을 읽는 간경과 하루 1시간씩 정좌를 하는 것이 방법이다."

한국이 좁은 것 같아도 골짜기마다 기인奇人과 이사異士가 있다. 인물이 있는 것이다. 들판도 아니고 산도 아닌 만경의 성덕면에 인물이 있었다. 전통 유학자 집안에서 태어나 전국을 주유천하하고 도력을 갖추었으며 이제 서당을 열고 사람들을 가르치고 있다. 영지에는 인물이 나기 마련이다

_ 학성강당 입구. 명인정사 편액이 걸린 건물은 학생들이 숙식을 하는 곳이다.

_ 학성당훈. 성인의 학문을 배워 내 마음가짐을 오롯이하고, 지극한 선에 맞게 하고 몸소 실천하고,
남은 힘이 있거든 글을 읽어라.

_ 선비정신을 이어가는 배움터, 초등학생부터 노인까지 모두가 학생인 이곳에는 늘 책 읽는
소리가 낭랑하게 울린다.

베갯머리에
시원한 우물이
있는 것을
모르고

21

자연으로 돌아가고픈 회귀 본능

강진 만덕산
백련사

1950년대 중반에 조계종 종정을 지낸 동산東山 선사. 일제시대 때 의학전문학교를 다니다가 '마음병을 어떻게 치료할 수 있느냐?'는 백용성 스님의 법문을 듣고 출가했다. 동산의 제자가 바로 해인사 성철 선사였다. 동산 스님은 가끔씩 주변 시자들도 모르게 잠적하는 경우가 있었다고 한다. 범인들도 머리 복잡할 때가 많지만, 도를 깨우친 선사도 사판事判에 시달리다 보면 조용히 어디로 가서 쉬고 싶을 때가 있을 것이다. 다 같은 사람이니까.

동산 스님이 갑자기 사라졌다 하면 주변에서 여기 저기 수소문하러 다녔다. '도대체 어디로 잠적하신 것인가?' 그러다가 나중에 찾고 보면 꼭 강진 백련사에 계셨다고 한다. 강진 백련사를 그렇게 좋아했던 분이 동산 스님이다. 충북 단양이 고향인 동산은 왜 그렇게 바닷가 절인 백련사를 좋아했을까. 스님은 특히 백련사 앞에 펼쳐진 포구의 풍경을 좋아했다고 한다. 백련사 앞으로는 망망대해로 넓게 펼쳐진 바다가 아니라, 구강포九江浦라는 포구가 보인다. 돛단배가 드나드는 모습이 보이는 조그만 만灣의 풍광이다. 소상팔경(瀟湘八景, 중국 호남성 동정호의 8가지 아름다운 풍경) 가운데 하나가 '원포귀범遠浦歸帆', 먼 바다에서 돌아오는 돛단배의 모습이다. 멀리 포구로 되돌아가는 배를 바라보면 인간은 그 어떤 원초적인 심정으로 회귀하는 것 같다.

10대 초반 시절 머리 깎으러 이발소에 가면 커다란 거울 위에 돛단배가 포구로 돌아가는 그림이 걸려 있었다. 그때는 이 심심한 그림을 왜 걸어놓았는지 몰랐지만, 이제 중년이 되어 세상사 풍파에 시달려 보니 이발소 그림을 비로소 이해할 수 있다. 자신이 태어난 곳, 유년의 기억이 간직되어 있는 고향으로 돌아가고 싶은 인간의 귀소본능을 가장 잘 표현한 그림이 '원포귀범'이다. 바다와 돛단배와 동네 마을과, 인간들이 먹고 살기 위해 노를 젓고 돛을 내리고 올리는 모습이 모두 어우러진 풍광이다. 대자연과 인간의 땀이 어우러져 그림을 만들어낸다고나 할까.

자연만 있고 인간의 땀이 없으면 얼마 못 가 진부해질 수 있다. 풍광 속에 인간의 땀이 보여야 그 풍광이 의미 깊게 다가온다.

만 가지 경치를 볼 수 있는 만경루 앞에서 수백 년 세월의 풍경을 지켜보았을 느티나무.

강진 백련사 앞의 풍광은 원포귀범의 전형이다. 백련사 대웅보전 앞의 건물 이름도 '만경루萬景樓'다. '만 가지 경치를 볼 수 있는 누각'이다. 구강포 전체를 끌어안고 있는 누각이다. 동산 스님이 백련사에 와서 숨어 있곤 했던 것도 만경루에 앉아 구강포를 관조하기 위해서였을 것이다.

꿈결 같은 아름다운 풍광을 마주 하고 있으면 인간은 어떤 심정이 될까. 무심無心이 될까. 좌절과 분노와 인생 헛살다 간다는 허망함이 모두 사라진 그 어떤 진공 상태로 되돌아갈까. 유년 시절의 걱정 없고 즐겁기만 했던 동심으로 되돌아가는 것일까. 아니면 인간사 한 세상이 모두 몽환포영夢幻泡影이라는 이치를 눈으로 보여주는 것일까.

8명의 국사를 배출한
백련결사

백련사 뒷산은 만덕산萬德山이다. 월출산에서 꾸불꾸불 내려온 산맥이 해남 미황사로 가던 중간에 한 자락 꿈틀대면서 만들어놓은 자리가 백련사 터다. 백련사는 옛날에는 해상 물류의 중심지였다. 배로 짐을 실어 중국이나 개성으로 다닐 때는 백련사 앞의 구강포가 아주 좋은 위치였다. 쿠로시오 해류를 따라 배를 타고 올라가면 강진에서 개성까지는 2~3일이면 갈 수도 있었다고 한다. 고려시대 이 근방에 청자 가마터가 많았던 이유도 배에 싣고 개성으로 쉽게 갈 수 있었기 때문이다. 청자를 육로로는 운반할 수 없었던 것이다.

고려시대에는 백련사에서 백련결사白蓮結社가 이루어졌다. 고려 말에 2개의 불교 결사結社가 유명하다. 하나는 순천 송광사의 수선결사修禪結社이고, 또 하나가 바로 강진 백련사의 백련결사이다. 고려 말의 결사는 불교 쇄신운동이기도 했다. 수선결사가 참선 위주의 방법이었다면, 백련결사는 염불 위주의 방법이라는 데 차이가 있다. 가부좌를 틀고 앉아서 마음을 관조하는 참선보다는, 부처님 명호를 큰 소리로 부르는 염불 결사가 더 대중적이다. 백련결사에는 스님들도 있었지만, 당시 해상 무역에 종사하던 상인들도 많이 참여했다고 전해진다.

중국의 여산廬山에서 혜원 스님이 주도해 처음 백련결사가 시작되었다. 고려에서는 강진 백련사에서 큰 소리로 '나무아미타불'을 외치는 고성염불을 통해 수행하는 백련결사가 그 전통을 이어 받았다. 수선결사에 참석했던 멤버들이 귀족적이었다고 한다면, 백련결사는 좀 더 서민적이었다. 시골의 향반들과 출세가 막힌 불만세력도 있었고, 배를 타고 다니면서 장사하던 해상세력들도 같이 참여했다.

이 백련결사에서 8명의 국사가 배출되었다. 팔국사八國師다. 송광사에서는 16국사가 배출되었고, 백련사에서는 8국사가 배출되었다. 송광사가 산속의 결사였다고 한다면, 백련사는 바닷가의 결사였다. 산과 바다라는 차이가 있다. 고려 말에 왜구들이 고려 해안지역을 마음대로 들어와 노략질하던 시대에 구강포를 바라보는 해상 요충지인 백련사에서 많은 사람들이 모여 결사했다는 것은 시사하는 바가 크다. 해상 물류 노선을 지키겠다는 의지의 표현이기도 한 것이다. 군사적인 의미도 내포되어 있지 않나 싶다. 종교는 어느 선으로 올라가면 군사도 되고 정치도 된다. 인간 만사는 둘이 아니다.

　　　　　　차를 마시며
　　　　유배의 고통 견뎌낸 다산

조선시대 백련사에도 사연이 있다. 백련사 옆으로 30분 정도 고개를 넘어가면 다산초당茶山草堂이 있다. 다산 정약용이 유배 생활하면서 제자들을 가르치던 곳이다. 처음 유배를 왔을 때는 정신없이 몇 년간 술만 마셨던 다산이 마음을 추스르고 공부에 정진하던 곳이 다산초당이다. 서울에서 잘 나갔던 다산이 변방 오지 시골에 와서 어떻게 마음을 달랬을까. 마음 달래는 데는 이야기를 나눌 상대가 있어야 한다.

꿈결 같은 아름다운 풍광을 마주 하고 있으면 인간은 어떤 심정이 될까.
무심無心이 될까. 좌절과 분노와 인생 헛살다 간다는 허망함이
모두 사라진 그 어떤 진공 상태로 되돌아갈까. 유년 시절의 걱정 없고
즐겁기만 했던 동심으로 되돌아가는 것일까. 아니면 인간사 한 세상이 모두
몽환포영夢幻泡影이라는 이치를 눈으로 보여주는 것일까.

_ 초의 선사가 머물던 일지암. 초의는 이곳에서 추사 김정희에게 편지를 썼다.

상대가 한 명만 있어도 사람은 희망이 생기고 삶의 재미가 생긴다. 이른바 배웠다는 먹물은 이야기가 되는 상대를 만나기가 어려운 법이다.

　당시 백련사에는 아암 혜장兒庵 惠藏이라는 젊은 스님이 있었다. 다산보다 10년 연하였다. 당시 승려는 천민계층이었다. 10년 연하의 천민계층인 중이 당대의 주류 지식인이었던 다산과 이야기가 되었던 것이다. 다산이 인생의 밑바닥에 떨어져서 만난 친구가 아암 혜장이었다. 아암 혜장이 그만큼 비상한 두뇌의 소유자였던 듯하다. '아암'이라는 이름도 다산이 지어주었다. 아암은 아이처럼 단순하고 성질이 급했던 모양이다. 다산이 10년 연하의 혜장에게 어린 아이 아兒자를 써서 '아암'이라고 지어주었으니 말이다. 당시에 어울리기 어려웠던 유학자와 승려가 이렇게 교류했다.

　백련사와 다산초당의 거리는 걸어서 약 30~40분 걸린다. 평지가 아니라 적당한 높낮이의 고갯길이다. 높낮이가 있어야 사고도 유연해진다. 고갯길을 올라가면서 하는 생각과 내려오면서 하는 생각이 다른 법이다. 나는 다산초당에서 백련사로 넘어갈 때마다 친구 집의 거리는 이 정도가 적당하다는 생각을 여러 번 했다.

　너무 가깝게 붙어 있는 것도 재미가 적다. 그렇다고 2시간 이상 너무 떨어져 있으면 생각났을 때 훌쩍 놀러가기가 부담스럽다. 걸어서 30분 정도의 거리는 감정을 절제하면서도 한 호흡 깊이 쉬면서 생각을 정리할 수 있는 적당한 거리이다. 다산과 혜장은 안개 낀 날에도 이 고갯길을 넘어 서로의 거처를 왕래했을 것이다. 눈이 쌓인 어느 겨울날이라고 가지 않았을까. 갔다 오다가 중간에 쏟아지는 소나기를 만났던 날도 있으리라. 더군다나 숲길이다. 도시의 아스팔트길에 비유할 수 있겠는가. 그 길의 품격도 다르다.

　두 사람은 서로 어떤 이야기를 나눴을까. 기록에 의하면 다산은 아암 혜장으로부터 평소에 읽지 않던 불교경전, 즉『능엄경』,『기신론』같은 불경들을 소개받았던 것 같다. 아암은 다산으로부터 『주역』에 대해 배웠지 않았나 싶다. 그러나 춥고 낙담했던 시기에 다산이 백련사로부터 충전을 받았던 결정적인 식품은 차茶였을 것이다. 백련사에는 차 밭이 있었다. 차는 남부지방에만 자라는 식물이다. 경기도가 고향이었던 다산은 남도 유배시절에 차를 알았다. 다산은 백련사 주지였던 아암 혜장에게 차를 보내 달라는 '걸명乞茗의 시詩'를 보내기도 했다.

다산은 차를 마시면서 유배의 고통을 견뎠지만, 정작 차밭에 살았던 아암 혜장은 술을 많이 마셔 병으로 일찍 죽었다. 40세에 요절한 것이다. 음차흥국飮茶興國이요 음주망국飮酒亡國이라 했던가. 왜 출가한 승려가 술을 많이 먹었을까. '중'이라는 천민계급의 한을 풀지 못해서였을 가능성이 크다. 머리가 좋은들 무슨 소용인가. 경전을 많이 알아야 무슨 소용인가. 이렇게 천대 받는 신세인 것을! 성미가 급했던 아암 혜장은 이런 스트레스를 받아서 일찍 죽었을까. 차를 마시면 주독酒毒이 빠지는 법인데, 혜장은 마음에 쌓인 울분이 너무 컸던 모양이다. 백련사 대웅전 옆에는 아암 혜장이 남긴 '산거잡흥山居雜興'이라는 시구가 쓰여 있다. 이렇게 초탈한 시를 썼으면서도 술병이 걸려 40세에 일찍 갔다. 그것도 인생이다.

주렴에 어린 산빛은 정적에 쌓여 더욱 아름답고　一簾山色靜中鮮
푸른 나무숲 붉은 노을은 눈에 가득 곱구나　　碧樹丹霞滿目妍
어린 사미를 불러 차를 끓이라 이르고 보니　　叮囑沙彌須煮茗
베갯머리에 원래 시원한 우물이 있는 것을　　枕頭原有地漿泉

다산과 아암, 추사와 초의로 이어진
조선의 지적 전통

사찰을 방문했을 당시 주지였던 여연 스님도 보통 분이 아니다. 여연如然이라는 법명이 '같은 여'에 '그럴 '연'이다. 대개 법명은 그 사람의 성질을 그대로 표현하기도 하고, 그 반대로 짓기도 한다. 반대로 짓는 경우에는 보강의 차원이다.

_ 백련사와 다산초당의 풍경은 차를 마시듯 천천히 음미해야 좋다.

내가 보기에 여연 스님은 후자에 해당한다. 같지 않고, 그렇지 못한 성격이니까 선지식이 이름을 이렇게 지은 것이다. 말하자면 쉽게 호락호락 어떤 사안에 대해서 넘어가는 성격이 아니다.

여연 스님은 연세대 철학과를 나와 출가한 이후에도 민주화 운동에 앞장섰다. 1980년대 초반에는 '전민련' 공동대표를 맡기도 했다. 그 과보로 남산 지하실에 들어가 통닭구이와 몽둥이찜질을 당하는 고문을 받았다. 감옥살이도 했다. 삶의 깊은 비애를 맛보았다. 잘못된 것을 잘못되었다고 말해야 직성이 풀리는 성품이다. 어영부영 넘어가는 성품이 아니다. 50대까지만 해도 칼날 같은 성격이었겠지만, 60대 후반에 접어들면서 왠지 모를 톨레랑스가 풍기는 것 같다. 스님에게 물었다.

"대흥사 일지암을 복원했다고 들었는데 어떤 인연이 있었나요?"

"일지암은 차로 유명한 초의 선사가 계셨던 곳입니다. 우리나라 차의 성지이지요. 추사와 초의 선사의 인연을 적어놓은 『몽연록夢緣錄』을 보고 일지암을 복원했습니다. 추사가 초의에게 보낸 편지만 해도 현재 남아 있는 것이 32통입니다. 그만큼 두 사람의 인연이 각별했죠. 고문 후유증을 일지암에 16년간 머물면서 치유한 셈입니다. 1972년부터 차를 마시기는 했지만 일지암

자연에서 채우는 영적 에너지 11

벗과 함께 차를 나누다 _ 백련사 옆으로 30분 정도 고개를 넘어가면 다산초당茶山草堂이 있다. 다산 정약용이 유배생활하면서 제자들을 가르치던 곳이다. 처음 유배를 왔을 때는 정신없이 몇 년간 술만 마셨던 다산이 마음을 추스르고 공부에 정진하던 곳이 다산초당이다. 서울에서 잘나갔던 다산이 변방 오지 시골에 와서 어떻게 마음을 달랬을까. 마음 달래는 데는 이야기를 나눌 상대가 있어야 한다. 상대가 한 명만 있어도 사람은 희망이 생기고 삶의 재미가 생긴다. 당시 백련사에는 아암兒庵 혜장惠藏이라는 젊은 스님이 있었다. 다산과 혜장은 백련사와 다산초당을 오가며 왕래했다. 또 춥고 낙담했던 시기에 다산이 백련사로부터 충전을 받았던 결정적인 식품은 차茶였다. 다산은 차를 마시면서 유배의 고통을 견뎠다.

에 머물면서 본격적으로 차에 대해 공부하게 되었습니다."

"백련사의 지적 전통과 차의 역사를 이해하려면 다산, 아암 혜장, 추사, 초의 선사를 모두 봐야 할 것 같습니다."

"아암이 승려의 천대를 극복하지 못하고 일찍 죽었다고 한다면, 초의 선사는 그것을 극복했다고 봅니다. 다산과 아암은 10년 차이었습니다. 추사와 초의는 동갑이었습니다. 서로 막역했죠. 다산의 지적 전통이 아암에게 영향을 미쳤다고 본다면, 아암의 다음 세대가 추사와 초의입니다. 서로 연결되어 있다고 봐야죠. 조선 후기 다산에서 초의에 이르는 지적 전통은 대단한 전통입니다. 네 사람을 같이 묶어서 봐야만 당대 지성사의 흐름이 포착되죠."

나중에 알고 보니 여연 스님은 조선후기 호남의 소론少論 명문가인 영암군 신북면의 모산 유씨柳氏 집안 후손이었다. 조선 초 영의정을 지낸 하정공 유관의 후손들이 전남 영암군 신북면에 살았고, 숙종 조에도 당대의 논객으로 필봉을 휘둘렀고, 나중에 영의정을 지내게 되는 유상운이 배출된 집안이다. 글씨로 유명한 원교 이광사가 전남 완도군 신지도에 유배생활하면서 모산의 유씨 집안에 드나들 수 있었던 것은 같은 소론인 데다가 외가 쪽의 친척이었기 때문이다.

자의반 타의반으로 여연 스님이 대흥사와 백련사에 주석하면서 한국 차계茶界의 최종 심판관 역할을 하는 것도 속가 집안의 논객 유전자가 작용한다는 생각이 들었다.

주렴에 어린 산빛은 정적에 쌓여 더욱 아름답고
푸른 나무숲 붉은 노을은 눈에 가득 곱구나
어린 사미를 불러 차를 끓이라 이르고 보니
베갯머리에 원래 시원한 우물이 있는 것을

_ 연지석가산蓮池石假山. 다산은 초당 오른쪽 연못에 돌을 쌓아 만들고 석가산이라 불렀다. 연못에
잉어를 풀어 키우던 다산은 강진을 떠난 뒤 제자들에게 보낸 편지에서 잉어의 안부를 물었다.

강진 만덕산 백련사

_ 백련사와 다산초당의 거리는 걸어서 30~40분, 적당한 높낮이의 고갯길이며 봄에는 붉은 동백이 핀다.
높낮이가 있는 길에서는 생각이 유연해진다.

강진 만덕산 백련사

인간세상에
와서 이만하면
됐지,
무얼 바라겠나

22

나에게 맞는 곳이 '명당'

장성 축령산
휴휴산방 (조용헌의 글방)

'어디에 사느냐?'는 질문을 가끔 받는다. 이는 의례적인 질문이 아니다. 특별한 의미를 담고 있다. '전국 곳곳의 좋은 풍수와 명당을 답사하면서 살아온 당신은 어떤 곳에서 살고 있느냐?' 더 들어가면, '당신은 얼마나 좋은 명당에서 사느냐?' 하는 질문이다. 흔히 목수가 사는 집은 볼품없다. 남들 집은 잘 지어주면서 정작 자신의 집은 대강 사는 것이다. 목수뿐이 아니다.

내가 사는 곳은 가족들과 살림하는 아파트가 있고, 글을 쓰는 글방이 따로 있으니 거처는 두 군데인 셈이다. 글을 쓰는 작업공간인 글방이 바로 전남 장성군 축령산 자락에 있는 휴휴산방休休山房이다. 문필가인 나는 글을 써서 먹고 산다. 많은 직업 중에 어찌 하다 보니 문필업자가 되었다. 사주팔자에 학당學堂과 문곡성文曲星이 각각 2개씩 들어 있으니 팔자에 없는 직업은 아니다.

팔자에 문창성이 들어 있으면 살아서 이름을 날리는 문장가가 된다. 신라의 최치원이 바로 이런 경우이다. 그의 시호諡號도 문창제군文昌帝君이다. 그러나 문곡성이 있으면 죽어서 이름을 조금 남긴다고 한다. 문창성은 양지의 문장을 다루지만, 문곡성은 음지의 문장을 다루기 때문이다. 문곡성을 타고났지만 글을 쓴다는 것은 사색과 정신집중을 요한다. 그래야 아이디어가 생각나고 콘텐츠가 떠오른다.

문제는 정신집중이다. 정신집중을 어떻게 해야 하는가? 나의 방법은 산책이다. 걸어야 생각이 나오고 생각이 정리된다. 걷다 보면 안개같이 흐릿한 생각의 줄기도 선명하게 정리되고, 생각지도 않았던 글감이 떠오른다. 걸어야 나온다. 산책하는 데서 글이 생산되는 것이다. 걷는 시간도 중요하다. 1시간 미만을 걸으면 효과가 적다. 내 경험에 비추어보면 적어도 1시간 이상 걸었을 때 사고가 정리되기 시작한다. 보통은 1시간 반이 적당하고, 특별히 생각이 나지 않거나 머리가 복잡한 상황에서는 2~3시간도 걷는다. 두 다리와 몸에 약간 피로감이 들 때 이상하게도 머릿속이 개운해진다. 고대 희랍에서 이리저리 숲길을 걸으면서 사제 간에 문답을 주고받는 소요학파逍遙學派가 있었다고 하는데, 충분히 있을 법한 이야기이다.

_ 집은 작아야 관리하기 쉽다. 집이 크면 사람을 누른다. 작아야 자기 손아귀에 들어온다.
집은 안기는 맛이 있어야 한다. 그래야 편안하다.

_ 산속이라 손님이 방문하면 다른 대접은 없다. 대신 장작불을 충분히 넣어놓고 방을 달궈 지인의 등에 맺힌 긴장을 풀어준다.

산책도 코스가 있다. 도시에서 차가 씽씽 다니는 보도블록 깔린 길보다는 숲길이 훨씬 좋다. 숲속에서 나무 냄새가 풍기는 길을 걸으면 머리가 맑아지고 상쾌해진다. 내가 사는 아파트는 지방 도시이기는 하지만, 아파트 뒤로 넓은 들판이 있다. 봄에는 모를 심고, 여름에는 벼가 자라는 냄새를 맡을 수 있고, 가을에는 누렇게 벼가 익는 모습을 보는 것이 장관이다. 벼가 자랄 때 내뿜는 냄새도 좋다. 들판을 걷는 것은 사시사철 변하는 벼의 모습을 관조하는 길이다. 들판에는 바람도 불어오고, 저쪽 너머로 개 짖는 소리도 들린다.

산길은 집중을,
들판 길은 사고를 확장시킨다

산길과 들판 길은 정서가 다르다. 아무래도 들판은 사방이 탁 트여 있어서 사고가 확장되는 데 도움이 된다고 한다면, 산속의 숲길은 내면적으로 집중이 되는 데 도움이 된다. 휴휴산방은 집 뒤로 300만 평의 편백나무숲이 조성되어 있다. 일본사람들이 히노키라고 부르는 나무다. 그 향이 좋아서 목욕통에 깔아놓는 나무이다. 흐린 날이나 아침 일찍 새벽에 편백나무 숲길을 산책하면 향이 짙게 몸에 밴다. 나는 세상에 어떤 향수보다 소나무 향과 편백의 향을 좋아한다. 소나무의 송진향은 나의 내면세계 근원으로 들어가게 하고, 편백의 향은 긴장을 이완시키면서 생의 의욕을 불러일으킨다.

모차르트와 베토벤, 좌청룡과 우백호에 해당하는 향이 두 나무의 향이다. 휴휴산방 뒷산인 축령산은 편백의 향이 가득하다. 글을 쓰는 문필가는 편백숲길을 걸을 때 가장 행복하다. 향이 나를 편안하게 해주면서 글감과 영감을 준다. 향香과 밥이 같이 온다고 할까.

축령산鷲靈山은 신령스런 독수리의 형상이란 뜻이다. 영취산靈鷲山도 같은 이름이다. 영취산을 영축산이라고도 읽고, 축령산이라고도 읽는다. 산봉우리들이 펼쳐진 모습이 독수리가 날개를 편 모습과 흡사하다. 독수리 머리가 있는 부분은 암벽이 돌출된 높은 봉우리이고, 머리 양 옆으로 3~4개의 둥그런 봉우리들이 펼쳐져 있으면 그게 독수리 날개이다.

휴휴산방은 내가 글을 쓰다가 몸과 마음이 방전되었을 때 들어온 집이다. 살면서 누구나 위기가 있고, 풍파를 겪는다. 배터리 방전의 시기이다. 이때 어떻게 위기를 넘기느냐. 대응방식에서 차이가 있을 뿐이다. 나는 40대 중반에 과로를 했다. 여기저기 답사도 너무 많이 다니고, 글을 많이 쓰다 보니까 선천기운을 소진했던 것이다. 충전을 어떻게 할까 고민하고 있던 어느 날 꿈을 꿨는데, 장성長城의 '축령산 자락이 너의 집이다'라고 하는 예시가 나타났다. 부동산이 자기와 인연이 있으면 종종 꿈에 예시가 있는 법이다. 꿈에 예시가 있을 때는 되도록 가격에 상관없이 사야 한다는 게 나의 지론이다. 부동산은 철없어야 산다. 너무 따지면 못 산다. 비싸고 싸고는 모른다. 자기에게 필요하면 싼 것이고, 필요 없는 것을 사면 비싼 것이다.

축령산에서 내려온 지맥 하나가 중간에 맺힌 지점이 휴휴산방이다. 그리고 앞산도 적당히 기운을 막아 준다. 앞산이 없어서 터가 너무 트여 있으면 허虛하다. 정신세계의 고단자는 오히려 앞산이 터져 있는 툭 트인 곳을 선호하지만, 우리 같은 초심자는 앞산이 적당히 가려져 있는 곳이 안정감을 준다. 그렇다고 해서 너무 앞산이 높으면 답답해진다. 적당한 높이로 있는 것이 중요하다.

대지는 350평, 건평은 15평이다. 시골집이니까 약간 넓어도 좋다. 15평 건평은 방이 2개, 그리고 부엌과 화장실이 들어가면 딱 맞는다. 집은 작아야 관리하기 쉽다. 집이 크면 사람을 누른다. 작아야 자기 손아귀에 들어온다. 집이 안기는 맛이 있어야 한다.

방 2개 중에서 1개는 온돌방이다. 온돌이 두껍게 깔려 있어서 따뜻해지는 데 시간이 걸린다. 아궁이에 장작을 3시간 정도 때놓으면 6시간쯤 지나서 방바닥이 따뜻해지기 시작한다. 이게 단점이자 장점이다. 겨울에 와서 불을 넣기 시작하면 최소한 6시간은 추위에 떨어야 한다. 그러나 일단 한 번 달

귀놓으면 2박 3일은 온기가 유지된다.

힘들 때 위로해주고
에너지를 주는 곳이 '명당'

아궁이에서 장작불을 때는 것도 힐링이다. 장작에 시뻘겋게 타는 불을 보면 마음이 왠지 환해진다. 불을 보면 왜 마음이 밝아질까. 힌두교의 수행자인 사두들은 그래서 항상 조그만 화롯불을 몸에 지니고 다닌다고 들었다. 유사시에 길바닥에서 차를 끓여 먹을 수도 있고, 마음에 평화를 주기 때문이다.

　　허벅지만 한 두께의 장작을 6개 정도 아궁이에 집어넣어 놓으면 방바닥이 지글지글 끓는다. 여기에다 등짝을 대고 누워 있으면 근육이 풀리면서 편안해진다. 긴장하면 등의 경락이 굳어지는데, 뜨거운 온돌방이 긴장을 푸는 데는 최고다. 대접이 따로 없다. 나는 가끔 손님이 방문하면 다른 대접은 없다. 산속이라 먹을 것도 변변치 않고, 부엌도 시설이 열악해서 요리를 할 수 없다. 손님에 대한 대접은 장작불을 충분히 넣어놓고 방을 달궈서 찾아온 지인의 등에 뭉친 긴장을 풀게 해주는 것이다.

자연에서 채우는 영적 에너지 12

숲속을 걷다 ＿ 정신집중을 어떻게 해야 하는가? 나의 방법은 산책이다. 걸어야 생각이 나오고 생각이 정리된다. 걷다 보면 안개같이 흐릿한 생각의 줄기도 선명하게 정리되고, 생각지도 않았던 글감이 떠오른다. 걸어야 나온다. 산책하는 데서 글이 생산되는 것이다. 걷는 시간도 중요하다. 1시간 미만을 걸으면 효과가 적다. 내 경험상 적어도 1시간 이상 걸었을 때 사고가 정리되기 시작한다. 도시에서 차가 씽씽 다니는 보도블록 깔린 길보다는 숲길이 훨씬 좋다. 숲속에서 나무 냄새가 풍기는 길을 걸으면 머리가 맑아지고 상쾌해진다. 내가 사는 아파트 뒤로 넓은 들판이 있다. 봄에는 모를 심고, 여름에는 벼가 자라는 냄새를 맡을 수 있고, 가을에는 누렇게 벼가 익는 모습을 보는 것이 장관이다. 들판을 걷는 것은 사시사철 변하는 자연의 모습을 관조하는 길이다.

_ 축령산 편백나무숲. 산책길이 있는 터는 명당이다.

오후에 손님이 오기로 되어 있으면 오전 9시부터 아궁이에 장작불을 넣기 시작한다. 오후 4~5시가 되어 방이 따뜻해진 상태에서 손님이 방에 들어오면 옛날 할머니 계시던 외갓집에 온 것 같은 분위기를 느낀다. 그러고 나서 방문을 열어놓고 매화나무의 매화를 바라본다. 물론 매화철에만 가능하다. 요즘 같은 늦여름에는 풀냄새가 코를 찌른다.

다른 방 하나는 온돌방이 아니고 마루방이다. 방바닥에 편백나무를 깔아놓았다. 편백나무 밑에는 소금과 숯을 넣어두었다. 잡냄새를 방지하기 위해서이다. 편백나무 방은 주로 여름에 사용한다. 겨울에는 온돌방이지만 여름에는 편백나무 방이 좋다. 맨살이 편백 판자에 닿았을 때 다가오는 느낌이 있다. 적당히 시원하면서도 피부에 거부감을 주지 않는 느낌. 인간의 살갗과 마찰을 일으키지 않는 게 나무 바닥이다.

편백을 바닥에 깔아놓은 지 10년이 되었지만 아직도 향이 사라지지 않고 배어난다. 누워서 코로 편백향을 맡고 있으면 '인간 세상에 와서 이만하면 되었다. 뭘 더 바랄 것인가!' 하는 생각이 든다. 보름날에는 편백 방에 누워 유리 창문 밖으로 보이는 보름달을 바라본다. 소나무 사이로 달이 오르면 이 또한 즐겁다. 방 안에 앉거나 누워서 창밖의 달을 보는 것도 정취가 남다르다. 야외에서 보는 달도 좋지만, 방 안에서 편안한 자세로 유리창을 통해 보는 달이 나는 더 좋다. 왜 그런가.

명당은 어디인가. 자기에게 맞는 곳이다. 특히 잘 나갈 때보다는 몸과 마음의 배터리가 방전되어 힘들 때에 위로해주고 에너지를 주는 곳이 명당이다. 나에게 전남 장성의 축령산 휴휴산방은 그런 곳이었다. 토산土山인 축령산의 부드러운 기운이 나를 훈훈하게 보듬어주었다. 마치 닭이 알을 품듯이, 독수리가 알을 품듯이 말이다. 굳이 이름을 붙이자면 영취포란靈鷲抱卵이다. 집 뒤로는 서너 시간 코스의 편백 산책길이 나에게 의욕과 영감을 주었고, 온돌방의 구들장은 막힌 혈도를 풀어주었다.

저녁에는 소쩍새 소리를 들으면서 그 옛날 산속의 나무꾼 심정이 되었고, 비 오는 날 양철 지붕 위로 떨어지는 빗소리를 들으면서 천지가 인간에게 주는 끊임없는 은혜의 기운을 느꼈다. 명당은 천시와 지리, 그리고 인사이다. 세 가지 조건이 맞아야 한다. 병이 들었을 때 쉴 수 있는 공간이어야 하고, 쉽게 접근할 수 있는 지리적 이점을 갖추어야 하고, 그리고 무엇보다 자신이 하는 일과 궁합이 맞는 터이어야만 한다. 문장을 다루는 문필가에게 편백숲의 산책길이 있는 터는 명당이 아니고 무엇이겠는가.

인생의 모든 비밀은 우리의 손이 닿을 수 있는 곳에 은밀하게 숨어 있다.

때를 놓치지 마라.
먼 훗날 삶을 뒤돌아볼 때 우리가 행복했던 순간들이란,
열심히 일하고 사랑하고 놀았던 때임을 알게 되리라.

사진
ⓒ 하지권
ⓒ 최배문

그림
ⓒ 이영수 민화연구원

조용헌의 휴휴명당 休休明堂
ⓒ 조용헌, 2015

2015년 7월 27일 초판   1쇄 발행
2024년 3월 15일 초판 12쇄 발행

글 조용헌
발행인 박상근(至弘) • 편집인 류지호 • 상무이사 김상기 • 편집이사 양동민
편집 김재호, 양민호, 김소영, 최호승, 하다해, 정유리 • 디자인 쿠담디자인
제작 김명환 • 마케팅 김대현, 김선주, 이선호 • 관리 윤정안
콘텐츠국 유권준, 정승채, 김희준
펴낸 곳 불광출판사 (03169) 서울시 종로구 사직로10길 17 인왕빌딩 301호
        대표전화 02) 420-3200 편집부 02) 420-3300 팩시밀리 02) 420-3400
        출판등록 제300-2009-130호(1979. 10. 10.)

ISBN 978-89-7479-269-5 (03100)

값 22,000원